O DIÁLOGO INTER-RELIGIOSO PARA UMA ECOLOGIA INTEGRAL À LUZ DA *LAUDATO SI'*

Dados Internacionais de Catalogação na Publicação (CIP)
(Câmara Brasileira do Livro, SP, Brasil)

Ferraz, Chrystiano Gomes
  O diálogo inter-religioso para uma ecologia integral à luz da Laudato Si' / Chrystiano Gomes Ferraz; sob coordenação de Waldecir Gonzaga – Petrópolis, RJ : Vozes; Rio de Janeiro : Editora PUC-Rio, 2021. – (Série Teologia PUC-Rio)

  Bibliografia.

  ISBN 978-65-5713-384-2 (Vozes)
  ISBN 978-65-888314-6-5 (PUC-Rio)

  1. Cristianismo 2. Diálogos 3. Francisco, Papa, 1936- – Linguagem 4. Igreja Católica 5. Teologia I. Título II. Série.

21-77660   CDD-261.8325

Índices para catálogo sistemático:
1. Francisco, Papa : Teologia social : Cristianismo
261.8325

Aline Graziele Benitez – Bibliotecária – CRB-1/3129

Chrystiano Gomes Ferraz

O DIÁLOGO INTER-RELIGIOSO PARA UMA ECOLOGIA INTEGRAL À LUZ DA *LAUDATO SI'*

SÉRIE **TEOLOGIA PUC-RIO**

© 2021, Editora Vozes Ltda.
Rua Frei Luís, 100
25689-900 Petrópolis, RJ
www.vozes.com.br
Brasil

©**Editora PUC-Rio**
Rua Marquês de S. Vicente, 225
Casa da Editora PUC-Rio
Gávea – Rio de Janeiro – RJ
CEP 22451-900
T 55 21 3527-1760/1838
edpucrio@puc-rio.br
www.puc-rio.br/editorapucrio

Todos os direitos reservados. Nenhuma parte desta obra poderá ser reproduzida ou transmitida por qualquer forma e/ou quaisquer meios (eletrônico ou mecânico, incluindo fotocópia e gravação) ou arquivada em qualquer sistema ou banco de dados sem permissão escrita da editora.

Reitor
Prof. Pe. Josafá Carlos de Siqueira SJ

Vice-Reitor
Prof. Pe. Anderson Antonio Pedroso SJ

Vice-Reitor para Assuntos Acadêmicos
Prof. José Ricardo Bergmann

CONSELHO EDITORIAL

Vice-Reitor para Assuntos Administrativos
Prof. Ricardo Tanscheit

Diretor
Gilberto Gonçalves Garcia

Vice-Reitor para Assuntos Comunitários
Prof. Augusto Luiz Duarte Lopes Sampaio

Editores
Aline dos Santos Carneiro
Edrian Josué Pasini
Marilac Loraine Oleniki
Welder Lancieri Marchini

Vice-Reitor para Assuntos de Desenvolvimento
Prof. Sergio Bruni

Decanos
Prof. Júlio Cesar Valladão Diniz (CTCH)
Prof. Luiz Roberto A. Cunha (CCS)
Prof. Sidnei Paciornik (CTC)
Prof. Hilton Augusto Koch (CCBS)

Conselheiros
Francisco Morás
Ludovico Garmus
Teobaldo Heidemann
Volney J. Berkenbrock

Conselho Gestor da Editora PUC-Rio
Augusto Sampaio, Danilo Marcondes, Felipe Gomberg, Hilton Augusto Koch, José Ricardo Bergmann, Júlio Cesar Valladão Diniz, Sidnei Paciornik, Luiz Roberto Cunha e Sergio Bruni.

Secretário executivo
Leonardo A.R.T. dos Santos

Coordenação da série: Waldecir Gonzaga
Editoração: Programa de pós-graduação em Teologia (PUC-Rio)
Diagramação: Raquel Nascimento
Cotejamento: Alessandra Karl
Capa: Editora Vozes

ISBN 978-65-5713-384-2 (Vozes)
ISBN 978-65-888314-6-5 (PUC-Rio)

Editado conforme o novo acordo ortográfico.

Este livro foi composto e impresso pela Editora Vozes Ltda.

Agradecimentos

A Deus, por ter me fortalecido e sustentado até aqui e por me proporcionar tantos motivos para agradecer.

À minha orientadora Prof.ª-Dr.ª Maria Teresa de Freitas Cardoso, por carinhosamente disponibilizar seu conhecimento, tempo, atenção e por humildemente acolher-me como seu orientando, dando-me a possibilidade de crescer no conhecimento teológico. Sem ela este livro não seria concluído.

À minha amada esposa Carolina e à minha filha Maria Lourdes, os maiores tesouros da minha vida. Obrigado pela compreensão, paciência e pelo renovo que a presença de vocês me dá a cada momento compartilhado.

Agradeço a Jorge Mario Bergoglio, atual Papa Francisco, pela vida e teologia que me inspiram. Agradeço por cada leitura de suas obras que, além do enriquecimento teológico, fortaleceram a minha caminhada com Deus.

Ao meu sogro Antônio Carlos e à minha sogra Lilia, por todo o suporte, sem o qual não seria possível continuar a minha caminhada acadêmica.

À toda minha família por apoiar meus sonhos, em especial aos meus pais Ailton dos Santos Ferraz e Cássia Cristina Gomes Ferraz.

À CAPES e ao CNPq pelo suporte, sem o qual não seria possível a realização deste trabalho.

À PUC-RJ, pelo auxílio concedido e pela belíssima estrutura que ofereceu dando todo o suporte material e humano necessários para a realização deste trabalho.

A todos os professores do Programa de Pós-graduação e funcionários do departamento de Teologia da PUC-Rio, pela respeitosa acolhida.

A todos os alunos do Programa de Pós-graduação em Teologia da PUC--Rio, especialmente àqueles mais próximos que me enriqueceram pelo convívio nesses anos: Me. André Luiz Bordignon Meira, Me. Thadeu Lopes Marques de Oliveira, Me. Laerte Tardeli Hellwig Voss, Me. Leonardo Costa da S. O. Amorim e Dr. Jefferson Grijo Brasil.

À Igreja Batista Marapendi que sempre acreditou no meu potencial e chamado, investindo na minha formação pastoral e teológica.

Ao amigo Diego Sampaio, pelo suporte e preocupação.

Deus Onipotente,
que estais presente em todo o universo
e na mais pequenina das vossas criaturas,
Vós que envolveis
com a vossa ternura tudo o que existe,
derramai em nós a força do vosso amor para cuidarmos da vida e da beleza. Inundai-nos de paz,
para que vivamos como irmãos e irmãs
sem prejudicar ninguém.

Papa Francisco

Sumário

Siglas e abreviaturas, 11

Prefácio, 13

Introdução, 15

Capítulo 1 | O diálogo inter-religioso, 19

1.1. Gênese, objetivos e limites do diálogo inter-religioso, 20

    1.1.1. A gênese e o significado do diálogo inter-religioso, 20

        1.1.1.1. Um marco inicial para o diálogo inter-religioso formal, 22

        1.1.1.2. Uma conceituação do diálogo inter-religioso, 23

    1.1.2. Os objetivos do diálogo inter-religioso, 24

    1.1.3. Os limites impostos ao diálogo inter-religioso, 26

1.2. O cristianismo e a questão da diversidade religiosa, 29

    1.2.1. A Influência das raízes históricas do cristianismo na sua relação com as outras religiões, 30

    1.2.2. A gênese da composição do pluralismo religioso brasileiro, 34

    1.2.3. A intolerância religiosa no contexto brasileiro, 36

    1.2.4. Para um pluralismo de princípio, 38

1.3. As principais posições teológicas diante do valor salvífico das outras religiões, 40

    1.3.1. O exclusivismo religioso no cristianismo, 41

1.3.2. O paradigma inclusivista, 43

1.3.3. O paradigma pluralista, 47

    1.3.3.1. A teologia latino-americana e a teologia do pluralismo religioso, 50

    1.3.3.2. O magistério da Igreja Católica e a teologia do pluralismo religioso, 52

Capítulo 2 | O Papa Francisco e suas ênfases teológico-pastorais, 55

2.1. Precedentes, 56

    2.1.1. As origens de Jorge Mario Bergoglio, 56

    2.1.2. As influências da Companhia de Jesus na formação do pensamento de Bergoglio, 59

    2.1.3. A recepção do Concílio Vaticano II na América-latina, 64

    2.1.4. A *Teología del Pueblo* na Argentina, 65

    2.1.5. O Documento de Aparecida, 67

2.2. Uma leitura do plano de pontificado de Francisco, 72

    2.2.1. A eleição de Bergoglio ao papado, 72

    2.2.2. Francisco, mais que um nome, 74

    2.2.3. Para uma Igreja em saída, 77

    2.2.4. A questão ecológica no contexto da *Evangelii Gaudium*, 80

2.3. Algumas ênfases teológico-pastorais do Papa Francisco, 82

    2.3.1. Os quatro princípios norteadores das ações pastorais do Papa Francisco, 82

    2.3.2. A opção preferencial pelos pobres, 86

    2.3.3. A Cultura do Encontro, 87

        2.3.3.1. O Papa Francisco e a construção da Cultura do Encontro, 88

        2.3.3.2. O diálogo como método de construção da Cultura do Encontro, 92

Capítulo 3 | O diálogo inter-religioso na contribuição de Francisco, 95

3.1. O diálogo inter-religioso em Jorge Mario Bergoglio, 96

   3.1.1. A prática do diálogo inter-religioso em Bergoglio, 97

   3.1.2. O registro literário de uma amizade inter-religiosa, 100

3.2. O diálogo inter-religioso em Francisco a partir da *Evangelii Gaudium, 102*

3.2.1. O diálogo com os governantes e com a sociedade atual a partir da *Evangelii Gaudium*, 103

   3.2.2. O diálogo ecumênico a partir da *Evangelii Gaudium*, 107

   3.2.3. O diálogo com o judaísmo a partir da *Evangelii Gaudium*, 110

   3.2.4. O diálogo com os muçulmanos a partir da *Evangelii Gaudium*, 111

   3.2.5. Características do diálogo inter-religioso a Francisco, 112

3.3. As contribuições da *Laudato Si'* de Francisco para o diálogo inter-religioso, 117

   3.3.1. Introdução à Carta Encíclica *Laudato Si'*, 117

   3.3.2. Uma proposta de leitura da *Laudato Sí'*, 118

      3.3.2.1. As raízes da crise ecológica descritas na *Laudato Sí'*, 120

      3.3.2.2. A íntima relação entre os pobres e a fragilidade da Mãe Terra, 122

      3.3.2.3. A *Laudato Sí'* e sua visão sistêmica da realidade, 124

      3.3.2.4. O conceito de Ecologia Integral, 126

   3.3.3. O diálogo inter-religioso na *Laudato Si'*, 128

      3.3.3.1. Os diálogos propostos na *Laudato Si'*, 128

      3.3.3.2. O diálogo inter-religioso para uma Ecologia Integral, 131

Conclusão, 135

Referências bibliográficas, 139

Siglas e abreviaturas

AG – *Ad Gentes*
CA – *Centesimus Annus*
CD – *Cantate Domino*
CdF – Congregação para a Doutrina da Fé
COEPAL – Conselho Episcopal de Prática Pastoral
CTI – Comissão Teológica Internacional
CV – *Caritas in Veritate*
DA – Diálogo e Anúncio
DAp – Documento de Aparecida
DH – *Dignitatis Humanae*
DI – *Dominus Iesus*
DIR – Diálogo inter-religioso
DM – Diálogo e Missão
E.E. – Exercícios Espirituais
EG – Evangelii Gaudium
GS – *Gaudium et Spes*
LG – *Lumen Gentium*
LS – *Laudato Si'*
NA – *Nostra Aetate*
N.p. – obra não paginada
OT – *Optatam Totius*
RH – *Redemptor Hominis*
TdL – Teologia da Libertação
TdP – *Teología del Pueblo*
TdPR – Teologia do Pluralismo Religioso.
UR – *Unitatis Redintegratio*

Prefácio

Louvamos o encontro de Chrystiano Gomes Ferraz com o tema do diálogo inter-religioso e, nesse encontro, seu acolhimento da Encíclica *Laudato Si'*. Fez disso a pesquisa do seu mestrado, com estudo pertinente e claro, passando através de conceitos, classificações, dados históricos, até a culminância da dissertação na abordagem da *LS*.

Na subida para esse cume, entendeu ser importante adentrar-se no pensamento do Papa Francisco, e investigou o seu caminho desde as ações pastorais de Jorge Bergoglio, engajado em cuidados com o povo, com uma pastoral aberta a diálogos. Como aluno aplicado, Chrystiano já acompanhou com empenho todas as disciplinas do seu mestrado, mostrando especial dedicação para aquelas que mais diretamente apontavam para o diálogo ecumênico e inter-religioso. Dentre estas, participou, vivamente, no meu curso, do estudo da *LS* entre as Questões de Ecumenismo. De fato, procuramos aprofundar como a *LS* participa de um debate atual e como propõe, insistentemente, a busca de mais "amplos diálogos". Nela, o Papa Francisco também participa do diálogo das religiões. Nela, a questão socioambiental sobressai como tema fundamental para os diálogos de hoje, inclusive inter-religiosos, e vimos como o Papa Francisco vem contribuindo para uma cultura mais favorável a inclusões, de libertação efetiva a partir de princípios cristãos e éticos, de dedicação a um mundo melhor e mais acolhedor.

Para perceber como essa contribuição brotava em um caminho progressivo de propostas de diálogo inter-religioso, e o fazia avançar de modo tão atual, Chrystiano mergulhou nas questões de conceituação do diálogo inter-religioso, oferecendo uma visão básica, mas também traçando o percurso do Papa Francisco, desde sempre devotado ao compromisso cristão, ao diálogo com todos, ao cuidado do povo, e participando da teologia do povo, e dos povos, e pela busca de uma cultura do encontro. A conversão ecológica, proposta sobretudo a partir da experiência do CELAM em Aparecida, impulsiona o compromisso maior com a causa que a *LS* vai não somente abarcar, mas propor vivamente. Chrystiano refaz o percurso na pesquisa e organiza sua explanação, aproveitando não somente das disciplinas que cursou, mas também de sua própria aptidão para o estudo e a explanação. Seu trabalho, que tivemos a alegria de acompanhar, e no qual fizemos tantos diálogos, tornou-se uma dissertação e agora foi adaptado a livro. Saudamos o livro!

Vemos Chrystiano prosseguir como pesquisador, já como doutorando. Segue com um dos temas que levantou, agora de novo objeto de mais acurada investigação: retoma da *LS* a crítica de uma tecnocracia e busca raios de esperança. Trata-se de buscar luzes para recuperar este mundo, que não pode ficar sem uma visão abrangente e responsável, uma vez que tudo está interligado. Perguntaremos de novo: e o diálogo inter-religioso, como pode ser convocado e como pode contribuir para os valores de um mundo interligado cujo valor sagrado precisaria ser melhor percebido? A contribuir para um mundo melhor servido pelo cuidado, pelo amor, para a vida?

Do diálogo de estudo que fizemos, das aulas, e da dissertação de Chrystiano nasceu um artigo sobre a Cultura do Encontro, de dupla autoria: do Chrystiano com esta que teve a alegria de ser sua orientadora de pós-graduação na PUC-Rio. O artigo também percorre o itinerário do Papa Francisco, desde passos antigos da teologia de Bergoglio, e aponta para essa abertura dialogal ao encontro dos outros, dos pobres, dos povos, das pessoas de todas as religiões, em função da beleza de estarmos ao encontro e na fraternidade.

Percebíamos que a *LS* estava caminhando para convocar, desde o título inspirado no cântico franciscano a uma fraternidade das criaturas, e a um compromisso de todos, pelo bem e pela paz. O diálogo inter-religioso se afigurava como uma contribuição de destaque para a casa comum. Descortinávamos caminhos de convocações e compromissos, de fraternidade universal. Isso desenvolveu-se ainda mais quando o Papa Francisco propôs os caminhos da Encíclica *Fratelli Tutti*. A nova encíclica tem seu último capítulo na responsabilidade e contribuição das religiões, em diálogo e empenho, a partir do que creem e assumem. A intuição do projeto de pesquisa no qual a dissertação estava inserida e vinha contribuindo, foi confirmada e de novo nos sentimos convocados, animados.

Ao Chrystiano, parabéns pelo estudo; por acolher, em diálogo ecumênico, as ponderações e propostas do Papa Francisco; pela abertura que traz no coração para o diálogo inter-religioso; e pelo desejo de abraçar o mundo inteiro. A todos uma boa leitura!

Maria Teresa de Freitas Cardoso
Doutora em Teologia
PUC-Rio

Introdução

Desde sua ascensão ao posto máximo da Igreja Católica, Francisco tem despertado o interesse de pesquisadores dos mais variados campos. Foram lançadas biografias, inúmeros artigos e obras sobre diversos temas relacionados à vida, pensamento, teologia e prática do primeiro papa latino-americano da história da Igreja Católica.

Sua maneira autêntica de exercer o papado tem chamado a atenção até mesmo de religiosos e fiéis de outras tradições. Seu programa reformador tem colocado a Igreja Católica em contato com o mundo contemporâneo e sua preocupação com as questões atuais pode ser notada em sua intensa atuação frente aos problemas que assolam a sociedade nos dias de hoje, seja em visitas, viagens, discursos, homilias, entrevistas, através dos documentos até aqui escritos etc.

Em nosso contexto, o fenômeno do pluralismo religioso pode ser observado na maioria das sociedades e coloca-se como uma realidade que não pode ser desprezada ao refletirmos sobre as questões referentes às relações em sociedade. Por isso, os discursos exclusivistas e as tentativas de absolutizar uma religião sobre as outras estão se esvaindo cada vez mais. Com o mundo globalizado e as sociedades cada vez mais *mundializadas*, as religiões enfrentam o desafio da pacífica convivência nos espaços sociais comuns. Diante de uma alarmante crise socioecológica que a todos afeta, a exigência do desenvolvimento de novas relações inter-religiosas, orientadas para a busca de soluções urgentes, integrais e duradouras, se tornou um imperativo para o nosso tempo.

Este trabalho é resultado do estudo em torno da contribuição do Papa Francisco para a questão do diálogo inter-religioso (DIR), especialmente com a sua Carta Encíclica *Laudato Si'* (*LS*), sobre o cuidado da casa comum.

Nesses anos de pontificado a capacidade de estabelecer diálogos inter-religiosos tem sido uma marca do Papa Bergoglio. Sua sensibilidade ecológica está atestada na *Laudato Si'*. Na Carta Encíclica *Laudato Si'* as duas questões parecem convergir: preocupação ecológica e diálogo inter-religioso.

Levantamos as seguintes perguntas-hipóteses neste trabalho: Há em Francisco uma contribuição original e singular para o tema do diálogo inter-religioso atual? Diante da situação do nosso mundo e das análises das ciências sobre as condições humanas atuais e as mudanças no ecossistema, a *Laudato Si'* traz uma contribuição especial para a ecologia e inclui a perspectiva de participação do diálogo inter-religioso sobre o tema? Seria a *Laudato Si'* uma obra de referência para o debate em torno do diálogo inter-religioso na atualidade?

Para responder tais questionamentos dividimos o trabalho em três capítulos. A pesquisa empreendeu uma revisão bibliográfica. Adotamos uma metodologia que vai do geral ao particular, para então chegar ao mais específico: uma abordagem mais ampla sobre o diálogo inter-religioso para depois situar as contribuições de Francisco e então, mais especificamente, analisar uma de suas obras – a *Laudato Si'* – buscando apontar uma possível contribuição especial para a temática em questão.

No capítulo 1, escolhemos trabalhar com um número satisfatório de autores especializados na temática do diálogo inter-religioso, sem aglomerar contribuições muito semelhantes e, ao mesmo tempo, sem sonegar importantes contribuições, para então expandir o leque de abordagens ao tema. Buscamos harmonizar o todo utilizando principalmente contribuições de três fontes igualmente importantes: A primeira com obras de autores da teologia latino-americana: Faustino Teixeira, Roberlei Panasiewicz, Mario de França Miranda, João Batista Libânio e José Maria Vigil (espanhol naturalizado nicaraguense e erradicado no Panamá). Utilizamos também obras de importantes autores para o DIR mundo a fora, como: Hans Küng, Claude Geffré e Jacques Dupuis, entre outros. Escolhemos também utilizar documentos de grupos e comissões especializadas em DIR, tais como: a Associação Ecumênica de Teólogos e Teólogas do Terceiro mundo (ASSETT), a Comissão Teológica Internacional e o Pontifício Conselho para o Diálogo Inter-religioso.

O capítulo justifica-se pela necessidade de observar as bases para o desenvolvimento e a prática do DIR em um mundo multicultural e multirreligioso. A abordagem do magistério pós-conciliar ao tema do DIR teve espaço no final do capítulo 1, na qual apresentamos uma outra pergunta que pretendemos responder: em relação aos dois últimos papas do período pós-conciliar no tocante à temática do DIR, há continuidade ou ruptura em Francisco?

No capítulo 2, introduzimos o nosso autor, passando pelas influências ao seu pensamento socioecológico e pastoral, sua busca por estabelecer diálogos, em que o diálogo inter-religioso tem um espaço especial em sua prática pastoral, buscando especialmente destrinchar as bases teológicas e suas ênfases teológico-pastorais, para verificar o lugar do DIR no seu papado. Trabalhamos alguns elementos que compõem as ênfases teológico-pastorais de Francisco: seus quatro princípios norteadores ('o tempo é superior ao espaço'; 'a unidade é superior ao conflito'; 'a realidade é superior à ideia'; 'o todo é superior à parte'); a opção preferencial pelos pobres e o método do diálogo para a construção de uma Cultura do Encontro.

Neste capítulo fizemos a escolha por não trabalhar todas as contribuições de Francisco para o DIR, o que nos obrigaria a vasculhar cada pronunciamento, discurso, viagem, homilia etc. Através de obras biográficas sobre Francisco e outras de sua própria autoria, buscamos traçar um perfil e um padrão que representasse e fundamentasse a sua atuação em prol do DIR.

Por fim, no capítulo 3, chegamos ao particular, objetivo principal desta dissertação, para extrairmos contribuições de Francisco para a temática do DIR. Primeiramente na sua atuação antes de se tornar papa, como bispo na Argentina e depois na sua atuação durante seu pontificado. Finalizando a trajetória rumo ao mais específico, fizemos uma análise da Carta Encíclica *Laudato Si'* para colher sua singular contribuição para a questão do diálogo inter-religioso.

Concluímos o trabalho com a tentativa de responder as questões centrais anteriormente levantadas e abrindo para um horizonte mais amplo de debate – que ultrapassa os limites desta pesquisa – estimulando a importância da reflexão sobre a prática do diálogo inter-religioso para uma ecologia integral.

Capítulo 1 | O diálogo inter-religioso

Nos dias atuais, como nunca na história, os pluralismos nos seus mais variados âmbitos – inclusive no âmbito religioso – emergem como desafios às relações humanas na sociedade. O estabelecido processo de *mundialização*[1] tem colocado fiéis das mais diversas religiões frente a frente, sempre interpelados por outras experiências de fé inseridas no cotidiano. Para não revivermos as tristes histórias marcadas pela intolerância, violência, exploração, dominação e pelas guerras em nome da religião, faz-se necessária a busca por novas alternativas e respostas a esta problemática que nos tem assolado por tanto tempo. O diálogo inter-religioso emerge dessa necessidade.

Tivemos por objetivo neste capítulo fazer uma abordagem geral ao tema do diálogo inter-religioso na tentativa de compreendê-lo conceitualmente. Exploramos algumas posições diante da diversidade religiosa, característica das sociedades atuais, assim como o caminho até aqui trilhado. Este panorama do DIR nos ajudará posteriormente a situar as contribuições do Papa Francisco ao tema, bem como destacar da *Laudato Si'* uma proposta singular para o diálogo das religiões.

Primeiramente, buscaremos clarear algumas questões em torno do diálogo inter-religioso: seu significado; suas origens; seus principais objetivos e limites. Em seguida, nos debruçaremos sobre a questão da diversidade religiosa na sociedade e sua problemática, refletindo sobre os desafios que tal realidade vem impondo ao cristianismo. Logo após expormos a questão, apresentaremos uma possibilidade de reinterpretação do pluralismo religioso, comumente compreendido como um dado negativo. Por último, faremos uma exposição das três principais posições teológicas diante do valor salvífico das outras religiões, tema muito importante para a abertura ao diálogo com as religiões não cristãs. São elas: a postura Exclusivista, a abordagem Inclusivista e o paradigma Pluralista. Aqui, de-

---

1. José Maria Vigil define o termo da seguinte maneira: "Mundialização significa que o mundo está se fazendo uno, que todos os elementos e dimensões das sociedades do planeta estão se inter-relacionando e se fazendo mutuamente dependentes" (VIGIL, J. M., Teologia do Pluralismo Religioso, p. 26).

marcaremos o posicionamento oficial do magistério da Igreja Católica em relação ao paradigma Pluralista, mais precisamente após o Concílio Vaticano II. Encerraremos este capítulo abrindo o caminho para trabalharmos as contribuições do Papa Francisco para o tema do diálogo nos próximos capítulos.

1.1. Gênese, objetivos e limites do diálogo inter-religioso

O que significa "diálogo inter-religioso"? De onde surgiu esse tema? Para que serve o diálogo inter-religioso? Quais foram os marcos históricos que fortaleceram a busca pelo diálogo inter-religioso formal? Nas linhas que seguem, refletiremos sobre o significado, a gênese, os objetivos, os limites e a justificativa da busca pelo chamado diálogo inter-religioso. De antemão, cabe-nos esclarecer que a nossa pretensão é a de abordar o tema do diálogo inter-religioso a partir da perspectiva cristã católica, tendo em vista que o trabalho tem por objetivo final destacar algumas contribuições do Papa Francisco para a temática.

1.1.1. A gênese e o significado do diálogo inter-religioso

O diálogo é uma atitude essencial para a coexistência humana. Para o mundo ocidental, "o diálogo constitui uma aquisição fundamental legada do pensamento grego. Há que ressaltar, entretanto, traços precursores do diálogo filosófico no Egito, na Mesopotâmia e no hinduísmo pré-ariano".[2] Entender o que significa de fato a atitude do diálogo e sua importância para as relações inter-humanas, pode nos ajudar a compreender a necessidade do DIR.

Pensando na etimologia da palavra de origem grega, pode-se observar que sua composição se dá pela junção de dois termos: "*dia*" e "*logos*". Faustino Teixeira faz uma interpretação desses dois termos:

> A expressão *logos* cobre uma vasta gama de significados, mas indica em particular o dinamismo racional do ser humano, a capacidade humana de pensamento e raciocínio. O termo "*dia*", por sua vez, expressa uma dupla ideia: alude ao que separa e divide, mas igualmente à ultrapassagem de um limite. Faz parte da natureza do diálogo a busca de unidade que preserve e salvaguarde a diferença e a liberdade.[3]

O diálogo pressupõe, portanto, o encontro com a alteridade, com o diferente que ao mesmo tempo interpela e é interpelado. A autenticidade do diálo-

---

2. DIAS, Z. M.; TEIXEIRA, F., Ecumenismo e diálogo inter-religioso, p.124.
3. DIAS, Z. M.; TEIXEIRA, F., Ecumenismo e diálogo inter-religioso, p.124.

go se dá pelo reconhecimento da alteridade entre os interlocutores, pelo respeito mútuo, que contempla a liberdade do ser enquanto diferente. O diálogo é "um processo rico de abertura, escuta e enriquecimento mútuos".[4]

Pensar o DIR, partindo do significado do diálogo, pode nos ajudar a não o reduzir a mero esforço de análise comparativa das religiões, com distância fria na verificação. A aproximação promovida pelo diálogo com o outro religioso, livra-nos dos preconceitos desenvolvidos pelo desconhecimento do real exercício da outra fé.

Agora, é preciso pensar a segunda parte, a que especifica e qualifica o diálogo referido, diferenciando-o de um diálogo qualquer, para situá-lo no seu escopo particular: o mundo das religiões. Mario de França Miranda nos oferece uma definição importante para pensarmos sobre o que é a religião – sem pretender ser a única definição – quando afirma:

> Religião é este conjunto de mediações da fé, de ordem individual ou social, ético ou jurídico, cujo sentido último é estar a serviço da fé ao desvelar, explicitar e ordenar o compromisso pessoal com o transcendente. Trata-se, portanto, de uma grandeza sociocultural, fruto do esforço humano para conservar viva a fé salvífica em contextos diversos e para gerações sucessivas.[5]

Vale recordar que as guerras com pano de fundo religioso que aconteceram – e ainda acontecem – na história, nem sempre são "simplesmente de conflitos políticos ou econômicos disfarçados sobre o véu das crenças, mas da luta do domínio das definições legítimas da realidade".[6] Está aí um outro aspecto da religião, muito bem colocado pelo pastor batista e cientista da religião Sérgio Ricardo Gonçalves Dusilek, na seguinte reflexão:

> A religião trata da consolidação, da perpetuação dos valores de uma cultura. Ela representa o elo de explicação das tradições que por sua vez ajudam o ser humano a se situar no mundo. Nem sempre a religião consegue apontar para uma divindade, mostrá-la; porém, costumeiramente, ela explica o mundo. Se os mistérios do céu permanecem eclipsados, os da terra se tornam passíveis de racionalização.[7]

---

4. DIAS, Z. M.; TEIXEIRA, F., Ecumenismo e diálogo inter-religioso, p. 125.
5. MIRANDA, M. F., A afirmação da vida como questão teológica para as religiões, p. 105.
6. AUGRAS, M., Tolerância: Os paradoxos, p. 86.
7. DUSILEK, S. R. G., A Atualidade do Conceito de Tolerância em John Locke, p. 412.

Enquanto sistemas que garantem a plausibilidade da realidade e da relação genuína com o Transcendente, as religiões podem, quando isoladas em si, estar fadadas ao automático desabono das outras, para garantir sua validade única. O DIR é, naturalmente, uma abertura sensível à acolhida da diversidade religiosa.

De outras tradições religiosas, podemos encontrar registros de uma abertura sensível ao pluralismo religioso anterior ao Iluminismo, como nos casos: do imperador budista Ashoca, no século III d.C., dos místicos sufis, Ibn al'Arabi (1165-1240) e Rûmî (1207-1273), do imperador mongol Akbar, no século XVI, entre outros.[8]

Como traços dessa sensibilidade em relação à pluralidade religiosa no cristianismo anteriores à Modernidade, podem "ser lembrados pensadores como Raimundo Lúlio (1232-1316) e Nicolau de Cusa (1401-1464)",[9] que em suas obras e nos termos possíveis de suas épocas, apresentaram uma postura de alargamento ecumênico. Entretanto, formalmente, como concebemos conceitualmente o diálogo inter-religioso hoje, há muita dificuldade em se apontar algum evento específico até o final do século XIX.

1.1.1.1. Um marco inicial para o diálogo inter-religioso formal

O diálogo inter-religioso formal, como relação viva entre instituições religiosas, é um investimento bem mais recente. Um importante marco para o DIR formal ocorreu em Chicago (Estados Unidos da América) no dia 27 de setembro de 1893, na ocasião da primeira reunião do *Parlamento Mundial das Religiões*.[10] Na primeira sessão reuniram-se mais de 4.000 pessoas, entre inúmeros delegados, que representavam as mais diversas tradições religiosas: "cristãos de todas as denominações, judeus, hindus, budistas, muçulmanos, xintoístas, confucionistas, jainistas e outros".[11]

O encontro tinha por objetivo: "unir as religiões contra todas as formas de irreligião; fazer da regra de ouro (Mt 7,12) a base desta união; apresentar ao mundo [...] a unidade essencial de numerosas religiões nas boas ações da vida re-

---

8. DIAS, Z. M.; TEIXEIRA, F., Ecumenismo e diálogo inter-religioso, p. 130.

9. DIAS, Z. M.; TEIXEIRA, F., Ecumenismo e Diálogo Inter-religioso, p. 130. Sobre tais obras de Raimundo Lúlio e Nicolau de Cusa, refiro-me, respectivamente, à obra "O livro do gentio e dos três sábios" (1274-1276) que é uma exposição das três doutrinas religiosas (cristianismo, judaísmo e islamismo), vivendo de forma pacífica e a obra "A paz da fé" (1453), que busca responder pacificamente aos conflitos religiosos de seu tempo.

10. VARANDA, I.; CHEZA, M., Subsídios para uma cronologia do diálogo inter-religioso, p. 214.

11. DIAS, Z. M.; TEIXEIRA, F., Ecumenismo e diálogo inter-religioso, p. 130.

ligiosa".[12] Para os envolvidos, este evento foi considerado o marco do nascimento do DIR formal.[13]

Desde então, muitos outros eventos e instituições promotoras do diálogo inter-religioso surgiram.[14] Destaco a coalizão *World Conference on Religion and Peace* (Conferência Mundial Religião e Paz), criada nos anos de 1970, com a participação de 22 representantes das religiões, realizado em Kyoto (Japão). A coalizão se espalhou e criou diversas seções nacionais e regionais, dispondo hoje de aproximadamente 35 seções nacionais e conferências regionais, em continentes como Europa, África e Ásia.[15]

1.1.1.2. Uma conceituação do diálogo inter-religioso

Então, dentre os muitos tipos de diálogo, está o diálogo inter-religioso propriamente dito, com suas peculiaridades e voltado para o desafio da promoção do diálogo autêntico entre as religiões e religiosos de diferentes tradições. Uma importante definição conceitual do diálogo inter-religioso pode ser encontrada no documento Diálogo e Missão (DM), do Secretariado Para os Não-Cristãos (órgão precursor do Conselho Pontifício para o Diálogo Inter-religioso): O DIR "indica não só o colóquio, mas também o conjunto das relações inter-religiosas, positivas e construtivas, com pessoas e comunidades de outras confissões religiosas para um mútuo conhecimento e um recíproco enriquecimento".[16]

Alguns autores apresentam subdivisões do DIR que delimitam de alguma forma o termo, tornando-o mais específico. Será necessário apontar essas possíveis subdivisões por conta dos esforços concretos realizados pelas frentes de atuação e pelos avanços inter-relacionais conquistados. O teólogo Carlos Ribeiro Caldas Filho apresenta pelo menos três subdivisões que podem nos ajudar a situar algumas ações concretas em seus objetivos específicos. São elas: o diálogo ecumênico, o diálogo intercredal e o diálogo inter-religioso.

O teólogo supracitado faz distinção entre o diálogo ecumênico e diálogo intercredal, em relação ao diálogo inter-religioso propriamente dito. Os dois primeiros estariam dentro de uma "raiz comum", sendo o diálogo ecumênico o "es-

---

12. DIAS, Z. M.; TEIXEIRA, F., Ecumenismo e diálogo inter-religioso, p. 131.
13. Ver: PARLIAMENT OF THE WOLRD´S RELIGIONS, 1893.
14. VARANDA, I.; CHEZA, M., Subsídios para uma cronologia do diálogo inter-religioso, p. 211-251.
15. VARANDA, I.; CHEZA, M., Subsídios para uma cronologia do diálogo inter-religioso, p. 217.
16. DM 3.

forço conjunto vivenciado intramuros no seio da fé cristã".[17] O principal órgão de esforço ecumênico em nível mundial é o Conselho Mundial de Igrejas (CMI). O diálogo intercredal ou "triálogo" envolve "os três credos monoteístas da tradição abraâmica, a saber, judaísmo, cristianismo e islamismo".[18]

Em se tratando do diálogo ecumênico, a Igreja Católica e a Federação Luterana, por exemplo, celebraram no ano de 2017 os 50 anos de retomada do diálogo entre as lideranças das duas tradições, desde que foi criada a Comissão para a Unidade Católico-Luterana. Muitos frutos já podem ser celebrados desta ação, especialmente a *Declaração Conjunta Sobre a Doutrina da Justificação* de 1999[19] – que os metodistas aderiram posteriormente – e a assinatura de um documento chamado Do Conflito à Comunhão, "que, reconhecendo os respectivos erros, olha com confiança para o diálogo e para a recíproca compreensão em curso, fundamento para futuras relações cada vez mais estreitas entre as várias denominações cristãs".[20] Outras relações ecumênicas seguem um curso promissor, dentre elas está a relação entre a Igreja Católica Apostólica Romana e a Igreja Ortodoxa.

O teólogo Claude Geffré, um especialista na teologia das religiões, considera importantíssimo o diálogo intercredal, que, através de substratos comuns às três tradições monoteístas abraâmicas, pode fomentar "o respeito do humano autêntico, o combate pela justiça, a salvaguarda da criação".[21]

Na opinião de Carlos Ribeiro Caldas Filho, o diálogo inter-religioso é o mais desafiador, pois este não compartilha – à primeira vista – de uma raiz comum, mas se dá entre religiões tão diferentes entre si, tendo como o pressuposto básico a possibilidade do mistério da salvação e atuação da parte do Deus Criador, para além de uma única tradição religiosa.[22] Agora, apresentaremos os principais objetivos do diálogo inter-religioso.

1.1.2. Os objetivos do diálogo inter-religioso

O que se pretende alcançar com a busca pelo DIR? Até aqui, sem darmos ênfase explicitamente, já lançamos algumas pistas do que comumente se tem buscado ao promover o DIR.

---

17. FILHO, C.R.C., Diálogo inter-religioso, p. 114.
18. FILHO, C.R.C., Diálogo inter-religioso, p. 114.
19. A doutrina da justificação foi um dos pontos centrais de discordância no período da Reforma luterana do século XVI. Conferir: A SANTA SÉ., Declaração Conjunta Sobre a Doutrina da Justificação, 1999.
20. GEYMONAT, C., I 50 anni del dialogo cattolico-luterano, N.p.
21. GEFFRÉ, C., De Babel a Pentecostes, p. 255.
22. FILHO, C.R.C., Diálogo inter-religioso, p. 114.

Não podemos, porém, perder de vista o valor intrínseco que o próprio diálogo tem em si mesmo. Faustino Teixeira entende que o diálogo não pode ser simplesmente utilizado como alavanca para outros objetivos, sem notarmos que "o diálogo 'tem seu próprio valor', é finalizado em si mesmo, guarda um valor intrínseco. A razão do diálogo é o diálogo e como horizonte visado, "uma conversão mais profunda de todos para Deus".[23]

Portanto, no DIR deve haver o desejo de lapidação da nossa própria experiência de fé, que ocorre a partir do que pode ser revelado de novo por intermédio do outro e aproveitado para o aprofundamento da nossa experiência com o Transcendente, para uma melhor vivência da nossa tradição e relação com Deus. O primeiro passo é reconhecer que não vivemos a mais perfeita relação com Deus e que, apesar de sermos chamados cristãos, não somos os únicos detentores da plenitude da verdade dispensada por Jesus Cristo. Sendo assim, o DIR pode purificar a nossa fé:

> O diálogo inter-religioso, enquanto diálogo de horizontes religiosos, tende a levar-nos ao horizonte da outra religião para entendê-la como tal, sem deformá-la. Esta atitude acabará por repercutir no próprio cristão, que começará a se olhar com os olhos do outro, capacitando-se então para descontextualizar as expressões e práticas cristãs, assim purificando e aprofundando a sua própria identidade e empenho religioso. O cristianismo, como as demais religiões, pode realmente aprender com as outras tradições.[24]

Assim, diálogo e hospitalidade caminham juntos. Esse encontro acolhedor, bilateral, traduz o prazer do bem receber e de ser bem recebido pelos outros: "O diálogo é expressão viva da nobre virtude da hospitalidade. Ele requer a abertura das portas, do respiro aberto, do espaço luminoso. É condição essencial para uma cultura da paz".[25]

Só de mencionar a hospitalidade, sentimo-nos obrigados a abrir um parêntese para falar da crise migratória que o mundo está vivendo. Não dá para pensar em hospitalidade sem lembrar dos incontáveis emigrantes, que se veem obrigados a abandonar suas terras, por diversas razões – inclusive religiosas – buscando novas possibilidades de vida em outros territórios. A acolhida amorosa do estrangeiro, peregrino – ou emigrante, se quisermos observar uma analogia com os dias atuais – é um imperativo nas Sagradas Escrituras

---

23. TEIXEIRA, F., Malhas da hospitalidade, p. 23.
24. MIRANDA, M. F., A afirmação da vida como questão teológica para as religiões, p. 108.
25. TEIXEIRA, F., Malhas da hospitalidade, p. 27.

judaico-cristãs,[26] podendo nos servir de base comum para uma proposta inter-religiosa, de cuidado com os que necessitam desse abraço acolhedor. O diálogo inter-religioso pode construir essa ponte.

Agora, pensando em outro objetivo bastante abordado pelos autores que trabalham a questão do DIR, podemos apontar a busca pelo estabelecimento da paz. O teólogo Hans Küng propõe – desde os anos 80 do século passado – que, para haver paz entre as nações, se faz necessário que haja paz entre as religiões.[27] Para ele, o DIR e uma ética mundial comum são necessários para a promoção da paz nas nossas sociedades. As religiões deveriam *primeirear*[28] a busca pela paz, partindo da restauração de suas relações com as outras tradições de fé.

Outro grande objetivo que se pode buscar através do DIR é a promoção do bem comum, que, colocando em termos simples, seria: a cooperação inter-religiosa em torno dos temas que tocam toda a humanidade. Como exemplo, podemos apontar: a redução das violências e da desigualdade social, a reafirmação da dignidade humana, a defesa dos mais frágeis da sociedade, a salvaguarda da liberdade religiosa e do direito de não ter uma crença, a garantia dos direitos da mulher, o cuidado com o planeta terra, entre outros.

O DIR tem potencial para abrir caminhos nunca explorados de fato. Não esgotamos aqui – nem de longe – os muitos objetivos possíveis de serem alcançados pela via do DIR, além do mais, estamos certos de que outros objetivos – ainda desconhecidos – aparecerão à medida que a prática do DIR for progressivamente vivida. Isso não quer dizer que o DIR não tenha limites. Apontaremos agora, algumas barreiras limitadoras da prática do DIR.

1.1.3. Os limites impostos ao diálogo inter-religioso

Sabemos que estabelecer o diálogo inter-religioso não é tarefa simples, especialmente se as lideranças religiosas não cooperarem para a construção de uma nova atmosfera inter-religiosa, distanciando-se dos planos de domínio hegemô-

---

26. Dt 10,19: "Portanto, amareis o estrangeiro, porque fostes igualmente estrangeiros na terra do Egito".

27. KÜNG, H., Projeto de ética mundial, p. 7.

28. Tomamos o termo emprestado do Papa Francisco e o aplicamos à necessidade de iniciativa das religiões para a saída ao encontro inter-religioso em vista da paz. Tal neologismo foi empregado por Francisco na Exortação Apostólica *Evangelii Gaudium* na intensão de impulsionar a Igreja para colocá-la em saída missionária, tomando a iniciativa de promover o encontro com os outros em suas realidades: "A expressão nítida do papa é mostrar, na sua Exortação Apostólica *A alegria do Evangelho*, que a Igreja, com suas comunidades, deve tomar a iniciativa de ir sempre sem medo ao encontro e procurar todos os afastados e feridos nas periferias existenciais e geográficas". BORDIGNON-MEIRA, A.L.; FIAMENGHI, G. A., Reflexões sobre entraves psicológicos-psicossociais para viver a proposta de *primeirear* do Papa Francisco, p. 362. Conferir: EG 24.

nico sobre o todo. Infelizmente, ainda hoje continua em voga o uso profano do potencial das religiões para fins políticos, de dominação dos povos e busca pelo poder temporal.

O DIR não pode ser autêntico se, maquiando as verdadeiras intensões, for utilizado como "armadilha" proselitista, para o simples "convertimento" do outro à verdade alheia.

Em 1993, na II Reunião do Parlamento Mundial de Religiões, que teve lugar em Chicago (USA), formulou-se a Declaração Para Uma Ética Global, onde encontramos o seguinte trecho:

> Vez por outra vemos líderes e membros de religiões incitando agressão, fanatismo, ódio e xenofobia – até mesmo inspirar e legitimar violentos e sangrentos conflitos. A religião muitas vezes é mal utilizada para objetivos puramente políticos do poder, incluindo guerra. Estamos cheios de nojo. Condenamos essas agruras e declaramos que elas não precisam existir. Uma ética já existe dentro dos ensinamentos das religiões mundiais que podem contrariar a angústia do mundo.[29]

O diálogo – de todos os tipos – encontra seu primeiro limite, quando pelo menos uma das partes não quer dialogar. Parece uma afirmação óbvia, mas não é. Só pode haver diálogo quando os envolvidos se dispõem a dialogar. Não há diálogo sozinho, senão, um monólogo. É preciso um acordo mútuo, não forçado. O diálogo não é uma imposição, é um convite, um chamado, é livre. Não pode fazer muito aquele que, querendo dialogar, é impedido pelo não querer do outro. Isso serve para as religiões. Só é possível dialogar com pessoas que querem o diálogo.

O Padre Mario de França Miranda alerta para dois grandes empecilhos à possibilidade do diálogo: o Fundamentalismo e o Relativismo.[30] O primeiro, busca absolutizar o que é relativo, e o segundo torna a verdade inacessível ou inexistente.

Em linhas gerais, o Fundamentalismo religioso pode ser colocado da seguinte maneira:

> A atitude de um grupo de pessoas que aceita e promove um conjunto de crenças dogmáticas ou adere literalmente a um texto sagrado ao qual considera infalível, cujas estritas condições de observância e até determina a inclusão ou exclusão de indivíduos àquele grupo.[31]

---

29. COUNCIL FOR A PARLIAMENT OF WORLD'S RELIGIONS., Declaration Toward a Global Ethic, p. 3.
30. MIRANDA, M. F., A afirmação da vida como questão teológica para as religiões, p. 107.
31. PRIEGO, A., Fundamentalismo, Extremismo, Fanatismo y Terrorismo Religioso, p. 262.

No meio cristão protestante, o Fundamentalismo remonta à atitude de resistência à Teologia Liberal e às ideias modernistas do final do século XIX. Portanto, "o fundamentalismo religioso é um movimento crítico às inovações trazidas pela modernidade a partir de uma narrativa sagrada e de um monopólio de interpretação balizado pela religião".[32] O teólogo Leonardo Boff situa este início, apontando que o termo "fundamentalismo", que "nasceu em contexto religioso, tem perpassado a reflexão de distintos pensadores nas últimas décadas, um fenômeno relativamente recente, com nicho encontrado no protestantismo norte-americano, surgido nos meados do século XIX."[33]

Em 1895, teólogos protestantes conservadores se reuniram em Niagara Falls para firmarem o que chamaram de *The Fundamentals: A Testimony to the Truth* (Os Fundamentos: Um Testemunho da Verdade) – daí o termo "fundamentalista" para caracterizar os teólogos desta vertente. Segundo estes teólogos conservadores, deveriam ser preservados como os fundamentos do cristianismo autêntico:

> A inspiração e a inerrância da Bíblia; a Trindade; o nascimento virginal e a divindade de Cristo; a queda do homem e o pecado original; a morte expiatória de Cristo para a salvação dos homens; a ressurreição corporal e a ascensão; o retorno pré-milenar de Cristo; a salvação pela fé e o novo nascimento e o juízo final.[34]

Dentre as críticas fundamentalistas, estava a rejeição ao assumido método histórico-crítico pela Teologia Liberal como método para uma apropriada hermenêutica e exegese bíblica. Os fundamentalistas fizeram a defesa da interpretação literal dos textos bíblicos.

Em outros termos, após o Concílio Vaticano II e em oposição ao mesmo, o seguimento católico do cristianismo viu em algumas alas conservadoras a mesma atitude fundamentalista. Na história da Igreja Católica essa atitude fundamentalista "é conhecida como atitude integrista ou integralista (ou ainda, como "movimento de restauração")".[35] De forma semelhante, fez-se oposição às ideias modernas, que entraram em diálogo com a fé católica através da abertura à renovação promovida pelo Concílio Vaticano II.

---

32. PANASIEWICZ, R., Fundamentalismo religioso, N.p.
33. BOFF, L., Fundamentalismo, p. 12.
34. PANASIEWICZ, R., Fundamentalismo religioso, N.p.
35. PANASIEWICZ, R., Fundamentalismo religioso, N.p.

As barreiras impostas pelo fundamentalismo cristão à interpretação bíblica impedem a atualização das verdades de fé para o nosso tempo. O uso do ferramental hermenêutico adquirido pelo ser humano, quando apoiado pelo Espírito Santo de Deus, pode trazer novas perspectivas para as nossas vidas.

O fundamentalismo é um bloqueio ao diálogo, pois nele não há abertura para uma outra realidade, mas a tentativa de absolutizar uma verdade particular. Outras tradições religiosas também estão marcadas por tais atitudes fundamentalistas. Destacamos a violência gerada por alguns grupos fundamentalistas e radicais islâmicos, objetivadas em ataques terroristas nos últimos anos, principalmente na Europa.

Mario de França Miranda acrescenta que "as outras religiões sempre nos oferecem perspectivas novas para olharmos nossa própria identidade e libertarmo-nos mais dos inevitáveis condicionamentos".[36] Dentro das religiões estão os caminhos para vencer a mentalidade excludente, que prefere eliminar as diferenças a ser interpelado por elas. Assim como estão nelas – nas religiões – as preciosas verdades reveladas pelo Transcendente, que não necessariamente se excluem entre si, mas que, com a devida interpretação, desmentem – juntas – a teoria Relativista.

É preciso, então, romper com as posturas fundamentalistas e relativistas para promover o encontro genuíno com o outro religioso. O DIR também pode ser essa via, pois assim como destaca o teólogo Paulo Menezes, "através do diálogo inter-religioso, vão caindo barreiras de fanatismo e intolerância que se erguiam entre as diversas religiões".[37]

A promoção da tolerância em tempos de radicalismos está dentro da necessidade do estabelecimento do diálogo inter-religioso na sociedade contemporânea, para fugirmos do perigo da utilização das religiões para fins bélicos que parece ressurgir em um ciclo sem fim. Para a implementação do DIR, faz-se necessário refletir mais profundamente sobre a questão da marcante presença da diversidade religiosa na sociedade. Para o DIR, a pluralidade religiosa não é um limite em si, mas a oportunidade para o seu florescimento.

1.2 O cristianismo e a questão da diversidade religiosa

Na história ocidental, ainda no período anterior à globalização, salvo alguns exemplos, era viável viver o exclusivismo religioso e o encarceramento den-

---

36. MIRANDA, M. F., A afirmação da vida como questão teológica para as religiões, p. 107.
37. MENEZES, P., Tolerância e religiões, p. 49.

tro de uma cosmovisão inabalável, sem levar em consideração a existência ou as influências das outras grandes tradições religiosas que, de igual modo, também pleiteiam exclusividade e legitimidade.

Hoje, grande parte da sociedade não mais vislumbra a religião como fonte única – nem prioritária – de respostas para seus anseios. Principalmente a partir do advento da Modernidade, após ter presenciado uma grande crise das instituições religiosas da imagem do Deus judaico-cristão, além de um crescente ateísmo.[38]

A liberdade individual está no cerne da sociedade moderna, especialmente, no tocante à opção individual por uma religião ou pela descrença.[39] Agora, a identidade religiosa precisa estabelecer-se em meio ao contínuo contraste diante do diferente, em um mundo secularizado, que se transforma e se atualiza com imensa velocidade.

Evidentemente, todos sentimos os efeitos e consequências do atual estilo de vida do mundo contemporâneo. Tal estilo afeta e molda nossa sociedade, nossos valores, nossas crenças, ideais e grupos sociais. As grandes e tradicionais instituições, religiosas ou não, igualmente são afetadas.

1.2.1. A influência das raízes históricas do cristianismo na sua relação com as outras religiões

O judaísmo e o cristianismo não foram configurados em um ambiente propenso ao diálogo, ainda que os dois tenham vivido em suas gêneses o desafio de estabelecer-se em meio ao contato com outras religiões.[40] O primeiro, como povo escolhido por Deus, defendia-se das ameaças dos outros povos pagãos e firmava-se com uma forte consciência identitária. No início, Israel era henoteísta, ou seja, cria em um só Deus, mas admitia a existência de outras divindades – ainda que não comparáveis a Iahweh.[41] O cristianismo, porém, é herdeiro de um judaísmo monoteísta, outra etapa da religião de Israel:

> No Dêutero-Isaías é que surgirão afirmações estritamente monoteístas, onde Javé é reconhecido como o Deus absolutamente único, expressando claramente pela primeira vez o universalismo religioso. Ao passar para o

---

38. DUCH, L., El exilio de Dios, p. 13. Para uma maior compreensão da crise da imagem de Deus na Modernidade: ESTRADA, J. A., ¿Que décimos cuando hablamos de Dios?, 2015.
39. DUSILEK, S. R. G., A atualidade do conceito de tolerância em John Locke, p. 412.
40. LIBÂNIO, J. B.; TEIXEIRA, F.(org.), O diálogo inter-religioso como afirmação da vida, p. 11.
41. ULLOA, P. U., Del henoteísmo al monoteísmo, p. 89-90.

Deuteronômio, essa ideia monoteísta alcançou expressão firme e decidida: "Iahweh é o único Deus. Além dele não existe um outro!" (Dt 4,35).[42]

O teólogo José Maria Vigil propõe uma análise do nosso passado em relação ao tema do pluralismo religioso, para compreendermos de forma mais ampla a posição negativa que perdurou durante a maior parte da história da religião cristã.[43]

José Maria Vigil começa pela ideia depreciativa – segundo o seu julgamento – que, no contexto do Primeiro Testamento, a cultura judaica interpretou, a partir da sua relação com Iahweh, as divindades dos povos vizinhos de Israel, chamados de "ídolos". Tais quais: "obras das mãos humanas", "coisas mortas" (Sb 13,10), "nada" (Is 44,9), "vazio" (Jr 2,5; 16,19), "mentira" (Jr 10,14; Am 2,4; Br 6,50), "demônios" (Dt 32,17; Br 4,7)".[44]

Esta posição não pode ser vista como o panorama de toda a Escritura Sagrada, ela apresenta um ponto culminante no Livro de Deuteronômio, que precisa ser lido dentro de seu contexto histórico-social, levando em consideração todas as limitações que nele estão contidas. Todo o contexto – de busca por legitimação e da criação da identidade de um povo, em meio ao iminente perigo de ser invadido ou dominado por nações mais estabelecidas – não pode ser desprezado para a compreensão deste discurso no Primeiro Testamento.

O cristianismo assumiu parte da herança religiosa do judaísmo, a comunidade primitiva de Jerusalém foi composta primeiramente por membros judeus, mas os conflitos internos começaram quando os primeiros não judeus ingressaram na nova comunidade cristã:

> A primeira grande disputa na primeira comunidade cristã não foi, portanto, em torno de dogmas como a filiação divina de Cristo ou a trindade de Deus, mas sim em torno da lei judaica: até que ponto se é obrigado a observá-la? Deverá ser ela obrigatória também para os fiéis cristãos que não eram judeus de nascimento, e sim pagãos?[45]

Aos poucos, as raízes judaicas do cristianismo foram enfraquecendo; desde a perda do seu centro, Jerusalém, com a destruição do templo em 70 d.C. e a destruição completa da cidade em 135 d.C., obrigando os judeus-cristãos a muda-

---

42. SILVA, J. M., O cristianismo e o pluralismo religioso, p. 130.
43. VIGIL, J. M., Teologia do pluralismo religioso, p. 35-38.
44. VIGIL, J. M., Teologia do pluralismo religioso, p. 36.
45. KÜNG, H., Religiões do mundo, p. 219.

rem-se para o Oriente.[46] Hans Küng lamenta esses rumos que culminaram com a perda das raízes judaicas e consequente helenização do cristianismo:

> Muito tempo depois na dispersão o judeu-cristianismo dissolve-se amplamente no maniqueísmo e no islã. As raízes judaicas se perdem – uma perda incalculável para o cristianismo! Uma perda que teve como consequência a unilateral helenização de suas concepções de fé e de suas normas de vida. Com o judeu-cristianismo deixou de existir também a ligação entre sinagoga e a igreja.[47]

Por um lado, a teologia cristã obteve uma contribuição e desenvolvimento no contato com o helenismo. Por outro, no aspecto de ligar-se exageradamente ao helenismo pode ter ocorrido limitações, que é o aspecto observado por Küng.

Percebe-se que desde o início o contato com outras religiões fez parte do processo de construção do cristianismo. Além do judaísmo, soma-se a essa afirmativa a presença da religião politeísta do Império Romano. Porém, o cristianismo não percebeu muitos espaços para o diálogo com as outras religiões, mas para conversão e construção de uma Igreja. O cristianismo foi concebido como proclamação do Evangelho – Boa Notícia – e se espalhou no afã missionário de conversão global.[48]

Não podemos perder de vista o complicado contexto religioso e social, no qual tiveram que sobreviver as primeiras comunidades cristãs: "As comunidades receptoras das tradições de Jesus travavam uma luta encarniçada para sobreviver num ambiente hostil à sua fé, com grau de oposição que crescia à medida que também expandiam seus limites".[49]

No princípio da Era Cristã a diversidade religiosa foi encarada como algo negativo, que não fazia parte do plano inicial de Deus para a humanidade. Por isso, no cristianismo, deu-se o esforço missionário que se julgava em consonância com a ordenança bíblica expressa nas Escrituras Sagradas – no Segundo Testamento, exclusivamente cristão – (Mt 28,19-20) – que buscou converter o mundo à chamada religião verdadeira para a salvação dos infiéis, supostamente ignorantes ou perdidos, que estariam a caminho do sofrimento eterno sem o Cristo e, indesculpavelmente, sem professar a religião cristã.

---

46. KÜNG, H., Religiões do mundo, p. 220.
47. KÜNG, H., Religiões do mundo, p. 220.
48. LIBÂNIO, J. B.; TEIXEIRA, F. (org.), O diálogo inter-religioso como afirmação da vida, p. 12.
49. AZEVEDO, S., Teologia das religiões, p. 70.

Mesmo com as duas grandes divisões – com o Cisma do Oriente no século XI, cisão entre Roma e Constantinopla dividindo a Igreja entre Católica-Romana e Ortodoxa, e o Cisma do Ocidente no século XVI, ocasião da Reforma Protestante, que gerou os diversos seguimentos cristãos protestantes – o cristianismo continuou a expandir-se, superando as religiões não cristãs, através das colonizações e também com a sua afirmação no território europeu, com a ajuda dos Estados nacionais formados na Europa, especialmente, Espanha e França, fiéis ao catolicismo, que auxiliaram na manutenção da cristandade ocidental. Por exemplo, na Península Ibérica houve conflito entre os árabes – de religião muçulmana – e os espanhóis católicos, que teve fim com a vitória espanhola definitiva e consequente expulsão dos árabes em 1492.[50]

Os movimentos oriundos dos séculos XV e XVI, respectivamente, o Humanismo e o Renascimento, contribuíram para uma nova visão sobre o ser humano, e, consequentemente, sobre a religião.[51] As grandes navegações do século XVI expandiram a *oikoumene*[52], colocando o cristianismo em contato com outros povos e suas religiões.

Pode ser observado até aqui que nossa história está marcada pelo contato inter-religioso, em grande parte, por séculos de atitudes contrárias à pluralidade religiosa, muito em função das raízes históricas do cristianismo e da posterior interpretação fundamentalista dos textos bíblicos.

É preciso destacar que, em grande parte, o contato entre as religiões no Mundo Antigo se dava de maneira sincrética, como ocorreu com a absorção dos deuses gregos na cultura romana. Assim, "no Mundo Antigo, as coexistências religiosas quando muito se davam pelo sincretismo, numa absorção mútua das tradições religiosas que se interpenetravam e se influenciavam. Já na Modernidade é preconizado o respeito ao espaço sagrado".[53]

Já no Brasil, a religiosidade foi fortemente marcada pelo fenômeno do sincretismo. Seguiremos agora com a problemática da diversidade religiosa, no entanto, remontando especificamente a chegada dos portugueses ao território que veio a ser chamado de Brasil. O contato inter-religioso ocorrido na América Latina no final do século XV e início do século XVI, entre os povos indígenas e colonizadores europeus, através de uma atitude de dominação, possivelmente nos dará pistas dos motivos pelos quais, ainda hoje, sofremos consequências negativas

---

50. DREHER, M. N., A reforma e as reformas, p. 14.

51. DREHER, M. N., História do povo de Jesus, p. 209-210.

52. DREHER, M. N., História do povo de Jesus, p. 336.

53. DUSILEK, S. R. G., A atualidade do conceito de tolerância em John Locke, p. 412.

desse processo. Vejamos, pois, a continuação desses conflituosos contatos inter-religiosos na gênese da pluralidade religiosa do Brasil.

1.2.2. A gênese da composição do pluralismo religioso brasileiro

Para compreendermos parcialmente o caráter antiecumênico[54] de grande parte das religiões existentes no solo brasileiro atualmente, continuaremos destacando o emaranhado de relações inter-religiosas que fizeram parte da gênese da construção identitária de nossas principais religiões. Martin Dreher compara a relação entre o cristianismo e as religiões existentes na América Latina na chegada dos europeus, a partir do espelhamento da relação já existente na Europa entre o cristianismo e as outras religiões:

> A intolerância contra o diferente tem sua origem na história da Península Ibérica que, desde os inícios do século VIII, foi marcada pela presença muçulmana, além da judaica. A reconquista, concluída em 1492 – ano da invasão das Américas! – veio marcada pelas cruzadas e pela Inquisição. Enquanto cristianismo, judaísmo e islamismo representavam forças relativamente equivalentes, o espírito era de certa tolerância. A coexistência pacífica, contudo, deixou de existir à medida que o cristianismo se tornou hegemônico. Mouros e judeus acabaram expulsos. Esse espírito de intolerância foi estendido sobre a América.[55]

A realidade do Brasil, desde a vinda dos conquistadores europeus, é de um certo pluralismo religioso, já que a partir daquele momento passa a coexistir uma "tríplice matriz cultural: portuguesa, indígena e africana".[56] Esta aproximação foi deveras traumática, principalmente para o lado dominado, que se viu obrigado a receber um cristianismo dos colonizadores portugueses por imposição, afirmando-se em oposição às suas religiões, o que "evidenciou marcas de exclusivismo, intolerância e estigmatização. Com essas marcas o cristianismo interpelou indígenas, novos cristãos e negros, negando-lhes sua alteridade".[57]

Pensando o surgimento da sociedade brasileira, o antropólogo Darcy Ribeiro faz a seguinte descrição:

---

54. WACHHOLZ. W., Identidades religiosas brasileiras e seus exclusivismos, p. 791-794.
55. DREHER, M. N., A Igreja latino-americana no contexto mundial, p. 25.
56. BINGEMER, M. C. L., Teologia latino-americana, p. 105.
57. WACHHOLZ, W., Identidades religiosas brasileiras e seus exclusivismos, p. 782.

> A sociedade e a cultura brasileiras são conformadas como variantes da versão lusitana da tradição civilizatória europeia ocidental, diferenciadas por coloridos herdados dos índios americanos e dos negros africanos. [...]. No plano étnico-cultural a transfiguração se dá pela gestação de uma etnia nova, que foi unificando, na língua e nos costumes, os índios desengajados de seu viver gentílico, os negros trazidos da África e os europeus aqui querenciados. Era o brasileiro que surgia, construído com os tijolos dessas matrizes à medida que elas iam sendo desfeitas.[58]

Um fato agravante da ação colonizadora foi a legitimação e perpetuação da escravidão através do discurso religioso. Um exemplo pode ser observado no discurso aos escravos africanos, feito pelo Padre Antônio Vieira, missionário que atuou na Bahia: "Vossa escravidão não é uma desgraça, mas sim um grande milagre, porque vossos pais estão no inferno para toda a eternidade. Vós, pelo contrário, vos salvastes graças à escravidão".[59]

É certo que alguns padres e missionários posicionaram-se contra o mau uso do poder de persuasão pelo discurso religioso e denunciaram tais práticas. Podemos citar os casos de Antônio de Montesinos e Bartolomè de Las Casas, como destaca Maria Clara Bingemer, embora a maioria convivesse com a realidade da dominação de forma natural.[60]

Além desta realidade, uma outra problemática surgiu no território brasileiro com a chegada dos protestantes no século XIX e, posteriormente, com o surgimento dos Pentecostais e Neopentecostais no século XX, marcando mais uma vez semelhantes episódios de "exclusivismo e negação mútua no âmbito intracristão".[61]

As religiões africanas precisaram se reconstruir face às ameaças dos colonizadores. Para a manutenção de sua religião e cultura, escravos africanos foram forçados a aceitar a religião dos europeus. Os escravos africanos encontraram no sincretismo um caminho, "dando à suas divindades nomes de santos católicos".[62] Como constata Wilhelm Wachholz: "uma análise da história das religiões no Brasil evidencia que as identidades religiosas foram construídas na tensão dinâmica da negação mútua".[63]

---

58. RIBEIRO, D., O povo brasileiro, p. 20 e 30.
59. VIEIRA, A., Sermões, p. 301.
60. BINGEMER, M. C. L., Teologia latino-americana, p. 102.
61. WACHHOLZ, W., Identidades religiosas brasileiras e seus exclusivismos, p. 782.
62. BINGEMER, M. C. L., Teologia latino-americana, p. 102.
63. WACHHOLZ, W., Identidades religiosas brasileiras e seus exclusivismos, p. 782.

Julius Richter, teólogo protestante do início do século XX, definiu o ramo da missiologia daquele tempo da seguinte maneira: "ramo da teologia que, em oposição às religiões não cristãs, mostra a religião cristã como o Caminho, a Verdade e a Vida; que procura desalojar as religiões não cristãs e implantar em seu lugar, no solo da vida nacional pagã, a fé evangélica e a vida cristã."[64]

Não é difícil concluir que os ruídos da má relação entre as religiões no início da construção dessa nação – e de outros países latino-americanos – podem ser ouvidos até os dias atuais. Apesar de estarmos distantes temporalmente dos acontecimentos dos séculos supracitados, somos atingidos diariamente pelo ranço por eles deixado.

Hoje, mesmo no Brasil que ainda continua predominantemente cristão, não temos mais uma conceituação hegemônica sobre Deus. O Brasil outrora quase exclusivamente católico, vem apresentando mudanças no seu mapa das religiões, com crescimento numérico significativo de adeptos dos chamados "evangélicos" – especialmente do meio Neopentecostal –, e consequente queda do número de fiéis das tradições cristãs históricas, com declínio mais significativo no número de fiéis católicos.[65] A presença das religiões espíritas e das religiões de matriz africana são notadas, mesmo que em menor número.

Esta realidade plural nos afeta grandemente. Como observa Faustino Teixeira:

> O pluralismo traz consigo instabilidade, inquietudes e tensões, pois instaura um desequilíbrio no mundo objetivamente construído e conversado. Ele tende a desestabilizar as autoevidências das ordens de sentido e de valor que orientam as ações e sustentam a identidade.[66]

A instabilidade causada pelo pluralismo religioso já pode ser sentida em nossa sociedade, nas tensões malresolvidas sendo transformadas em violência simbólica e concreta. Vejamos agora algumas consequências da falta de diálogo entre as religiões que compõem a nossa atual sociedade brasileira.

1.2.3. A intolerância religiosa no contexto brasileiro

Em pesquisa realizada pelo Ministério dos Direitos Humanos, resultado das reflexões e debates apresentados por especialistas durante o "Seminário sobre Estado Laico, Intolerância e Diversidade Religiosa", realizado em parceria com a

---

64. RICHTER, J., Missionary Apologetics, p. 540.
65. NERI, M. C.; MELO, L. C. C., Novo mapa das religiões, N.p.
66. TEIXEIRA, F., O imprescindível desafio da diferença religiosa, p. 184.

Ordem dos Advogados do Brasil, foram verificados dados alarmantes. Alexandre Brasil Fonseca, sociólogo e organizador da obra, analisando os dados do RIVIR (2011-2015) – Relatório sobre Intolerância e Violência Religiosa no Brasil – concluiu que a intolerância religiosa atinge a nossa população como um todo, sendo as religiões de matriz africana as "que mais sofrem violações de seus direitos em relação à sua religiosidade".[67]

Dos problemas do campo social, destacamos a questão da violência (conflitos e agressividade).[68] No Brasil, estamos todos envolvidos pela desigualdade social. Grande parte da população do nosso país vive em situação de pobreza. A luta pela sobrevivência nas grandes cidades exacerba a competitividade, que por muitas vezes ganha contornos violentos e conflituosos. Em grande medida este ambiente conspira contra a relação pacífica com o outro, que passa a ser um adversário na corrida pelo sustento de cada dia. Rompe-se o elo com a coletividade em vista da satisfação das necessidades básicas individuais.

No mundo urbano a violência apresenta-se em diversas modalidades: física, institucional, moral, intrafamiliar, psicológica, sexual, patrimonial etc. No âmbito social religioso podemos apontar a intolerância religiosa como faceta desta violência presente na vida das grandes cidades, como negação da alteridade e desrespeito à diversidade tão marcante nos contextos atuais.

Ainda que não percebamos, sofremos diariamente com a intolerância religiosa, com o triste destaque recente para os atentados contra templos religiosos, terreiros e centros de religiões de matriz africana. É preciso encontrar urgentemente uma maneira de impregnar as consciências com a importância do respeito à alteridade.

Assim, ainda nos falta a implementação em grande escala do diálogo inter-religioso autêntico, ou seja, que não despreza os valores da própria tradição religiosa no contato com as demais, concedendo ao diferente o direito de ser "outro" e não uma extensão de seu "eu". O que nos impede de viver uma experiência religiosa em sociedade que ao menos tolera a existência do diferente?

A partir da definição de religião elaborada pelo sociólogo Peter Berger,[69] Monique Augras aponta, o que em sua opinião seria a grande dificuldade à tolerância mútua. Para Augras, o fato de as religiões oferecerem suas próprias leituras

---

67. FONSECA, A. B., Primeiras análises dos dados do Relatório sobre Intolerância e Violência Religiosa no Brasil (2011-2015), p. 44-45.

68. AMADO, J. P., Igreja e grandes cidades, p. 9.

69. "Peter Berger define a religião como um conjunto de regras e representações que nos garantem a realidade e a permanência das condições de plausibilidade do mundo." (AUGRAS, M. Tolerância: os paradoxos, p. 85).

da realidade ao ser humano e o fato de cada uma oferecer sua estrutura como modelo de "construção do mundo que garante ser o único possível",[70] a existência do "outro religioso" pode ser uma ameaça à minha realidade.

Outra importante contribuição nos oferece Paulo Menezes, quando destrinchando a palavra "tolerância" no seu contexto de nascimento em meio às lutas religiosas, aponta seu caráter de "negação da negação", como defesa do direito humano à diferença.[71] Portanto, se faz necessária a salvaguarda da alteridade como atitude-resposta, como inconformidade contra a intolerância que violenta os direitos dos seres humanos.

A convivência no espaço social hoje foi diretamente afetada pela negação do outro, e, no caso do Brasil, como demonstramos anteriormente, as raízes históricas desse *apartheid* vivido neste espaço físico e social podem ser facilmente observadas pela desigualdade socioeconômica, bem definida nas grandes metrópoles, com locais de acesso apenas aos que possuem certo *status* social e são pertencentes às classes financeiramente dominantes.

Pode, neste mesmo espaço social – que hoje encontra-se dividido e marcado pela violência e dominação – habitar a esperança de dias melhores? Entendemos que sim, mas tão somente se viabilizarmos a abertura de campos de diálogo. Alexandre Brasil considera vital estes espaços de encontro para promovermos uma reviravolta nas nossas relações, até mesmo nas inter-religiosas. Para o sociólogo, "os espaços de participação social, espaços de diálogo, são fundamentais para se romper preconceitos e para se estabelecer um ambiente de respeito à diversidade religiosa".[72]

1.2.4. Para um pluralismo de princípio

Cada vez mais cônscios da irreversível presença da diversidade religiosa na sociedade, da distância do afã missionário de conquista cristã de todo o mundo habitado, do conhecimento mais lúcido das riquezas presentes nas outras religiões e do avanço numérico de outras tradições religiosas no mundo nas últimas décadas – o crescimento significativo do número de fiéis muçulmanos por exemplo –, surge a necessidade e urgência de repensar a presença das outras experiências de fé, que simultaneamente habitam essa casa comum. Qual o significado do pluralismo religioso no plano de Deus?

---

70. AUGRAS, M., Tolerância, p. 86.
71. MENEZES, P., Tolerância e religiões, p. 42.
72. FONSECA, A. B., Primeiras análises dos dados do Relatório sobre Intolerância e Violência Religiosa no Brasil (2011-2015), p. 46.

O pluralismo religioso ainda desperta muita resistência e desconforto na maior parte das grandes instituições religiosas. Há grupos teológicos cristãos mais sensibilizados para com os desafios do pluralismo religioso e outros mais resistentes e críticos.

A fundamentação dos opositores situa-se em torno de questões relativas à soteriologia, cristologia, eclesiologia e missiologia.[73] No entanto, como observa Faustino Teixeira, o pluralismo religioso sugere somente uma mudança de postura dos crentes pertencentes às grandes instituições religiosas tradicionais; convidando-os a acolherem ao diferente, despertando-os para o valor do acolhimento da diferença, o respeito à singularidade e especificidades de outras tradições religiosas.[74]

Não parece mais sustentável a ideia de que somente uma única tradição religiosa disponha de toda verdade sobre a vida e sobre Deus. Como assevera Faustino Teixeira, as tradições religiosas são fragmentos inacabados e contingenciais em permanente caminho de aperfeiçoamento e abertura, sendo cada uma delas portadoras de uma singularidade específica que permite um olhar inédito a respeito da realidade última.[75]

Jaques Dupuis chama-nos ao arrependimento em relação aos posicionamentos exclusivistas – nossa má avaliação dos "outros" e preconceitos contra suas práticas de fé – que tivemos durante a história do cristianismo, na relação com os fiéis de outras tradições religiosas. O autor também reconhece a necessidade de repensarmos a fé cristã na vivência desse novo mundo: "pluriétnico, multicultural, multirreligioso".[76]

Para Faustino Teixeira, a acolhida do pluralismo religioso não significa uma violação da perspectiva cristã, na medida em que há no coração do cristianismo uma convocação à hospitalidade, cortesia e aceitação da alteridade. Lembra-nos então do pensamento de Schillebeeckx acerca do tema: "A aceitação da diversidade das religiões está implicada na essência do cristianismo. [...] A mensagem de Jesus não foi autoimplicativa, mas uma mensagem aberta para o horizonte inusitado e mais amplo do mistério maior de Deus".[77]

Claude Geffré, repensando a questão do pluralismo religioso a partir da tradição cristã, chega à seguinte conclusão: "a partir da nossa experiência históri-

---

73. TEIXEIRA, F., Teologia e pluralismo religioso, p. 164.
74. TEIXEIRA, F., Teologia e pluralismo religioso, p. 164.
75. TEIXEIRA, F., Teologia e pluralismo religioso, p. 155.
76. DUPUIS, J., O cristianismo e as religiões, p. 19.
77. TEIXEIRA, F., Teologia e pluralismo religioso, p. 165.

ca atual de um pluralismo religioso de fato, acreditamos poder concluir teologicamente por um pluralismo de princípio que corresponde a um misterioso projeto de Deus".[78]

A teologia católica pós-conciliar buscou trabalhar a questão do pluralismo religioso, mas uma perspectiva ainda dependente da normatividade do cristianismo marcou tais reflexões. Até mesmo teólogos que trouxeram novidades, continuaram sobre o paradigma Inclusivistas, por exemplo Karl Rahner.[79]

O Papa João Paulo II na Carta Encíclica *Redemptor Hominis* (*RH*) de 1979, durante o seu primeiro ano de pontificado, afirmou que o Espírito da verdade que age para além dos limites das religiões cristãs é o responsável pelas religiões não cristãs.[80] Este ensinamento está de acordo com as formulações do Concílio Vaticano II, como veremos mais adiante.

Seguiremos assinalando as perspectivas teológicas mais comuns em relação ao pluralismo e diversidade religiosos, para no final deste capítulo retomarmos a questão aqui levantada.

1.3. As principais posições teológicas diante do valor salvífico das outras religiões

Na tentativa de identificar as posturas mais comuns diante do tema do DIR, de colocar em categorias que comportem muitas abordagens e representem estas posições de maneira mais aproximada e apropriada, entendemos que as principais abordagens teológicas à questão em torno da possibilidade da salvação fora do cristianismo – um dos principais debates de fundo no tocante à teologia das religiões e diálogo inter-religioso – pode nos oferecer uma base norteadora.

Faremos uso dos três conhecidos paradigmas: O Exclusivismo religioso (ou modelo Eclesiocêntrico), o paradigma Inclusivista (ou modelo Cristocêntrico) e a abordagem Pluralista (ou modelo Teocêntrico).[81]

---

78. GEFFRÉ, C., O lugar das religiões no plano da salvação, p. 120.

79. TEIXEIRA, F., A teologia católica face ao pluralismo religioso, p. 1740.

80. RH 6.

81. Estes três modelos estão postos em um debate comum: a Revelação e Salvação de Deus nas religiões. Para uma melhor compreensão do debate, ver: VIGIL, J. M., Teologia do pluralismo religioso, p. 63-65. O importante documento "O cristianismo e as religiões", da Comissão Teológica Internacional, de 1999, utilizou outras três terminologias paralelas às adotadas por nós como classificação das posições teológicas diante do problema da salvação nas outras religiões. O documento faz a opção por classificar como eclesiocentrismo, cristocentrismo e teocentrismo, sem descartar a utilidade das outras classificações. Conferir também: COMISSÃO TEOLÓGICA INTERNACIONAL., O cristianismo e as religiões, 1999.

É importante registrar que estas três categorias não estão em total consenso entre os autores que trabalham o tema do DIR – não que eles as rejeitem por completo. Cada um deles tem suas categorias próprias para classificar as principais linhas teóricas de abordagem ao tema do DIR. Alguns divergem em nomenclaturas e definições, mas estas supracitadas podem nos situar – com margem segura e sem grandes prejuízos à reflexão – no debate em torno da questão.

Como veremos a seguir, o primeiro modelo abordado – o Exclusivismo – não pode ser considerado via de diálogo, já que faz oposição a ele, não reconhecendo a possibilidade de salvação nas outras religiões, visando a tentativa de estabelecimento absoluto da própria tradição em oposição às outras. Já os outros dois modelos – Inclusivista e o Pluralista – respondem positivamente à possibilidade de salvação nas outras tradições religiosas, só que em diferentes termos.

1.3.1. O exclusivismo religioso no cristianismo

Esta posição foi a predominante por um longo tempo tanto no âmbito católico quanto no âmbito protestante, mas hoje encontra-se mais enfraquecida e restrita aos núcleos fundamentalistas da ala protestante e de grupos ultraconservadores católicos-romanos.[82] Pode ser resumida basicamente na "posição que vincula a possibilidade de salvação ao conhecimento explícito de Jesus Cristo e pertença à Igreja",[83] daí o motivo por identificarmos o modelo exclusivista como eclesiocêntrico.

De maneira mais crítica está colocada a definição do modelo Exclusivista pelo teólogo José Maria Vigil: "a posição teológica segundo a qual há uma única verdadeira religião, a que foi revelada por Deus, e que possui a verdade em exclusividade, enquanto as outras religiões são falsas".[84] Com a mesma intensidade, Vigil critica a imagem de Deus para os adeptos do modelo exclusivista: o Deus do exclusivismo é "um Deus "nosso", de nosso povo, que acreditamos pensar como nós, falar nosso idioma, sentir-se um de nosso povo, defender-nos cegamente diante de nossos inimigos e tomar partido em nosso favor, acima do interesse universal da justiça."[85]

Consequentemente, pela não aceitação das outras religiões como verdadeiras, como vias de revelação e salvação de Deus, esta posição anula a possibilidade

---

82. TEIXEIRA, F., Teologia e pluralismo religioso, p. 21.
83. TEIXEIRA, F., Teologia e pluralismo religioso, p. 21.
84. VIGIL, J. M., Teologia do pluralismo religioso, p. 63.
85. VIGIL, J. M., Teologia do pluralismo religioso, p. 115-116.

do diálogo aberto com as outras tradições religiosas. Pelo contrário, exacerba a competição entre as religiões quando busca superá-las para que os seres humanos tenham a possibilidade de salvação ao assumir a religião cristã de forma integral, necessariamente: reconhecimento explícito de Jesus Cristo como único e suficiente salvador e a pertença à Igreja.

Para a tradição cristã católica uma contribuição foi dominante dentro deste paradigma: a má compreensão do axioma *Extra Ecclesiam nulla salus* – "fora da Igreja não há salvação". Apresentaremos de maneira sintética essa resolução nas linhas que seguem, conscientes de que este não foi o único empecilho ao DIR na tradição cristã católica.

A longa trajetória do axioma *Extra Ecclesiam nulla salus*[86] tem sua origem no século III da Era Cristã, nas formulações dos padres Cipriano e Orígenes, mas estes não pretenderam elaborar uma teoria para condenar os não cristãos. Havia neste início, uma preocupação exclusivamente intraeclesial. Em Cipriano, a defesa da unidade da Igreja. Já Orígenes, o alerta aos judeus para que não negligenciassem o Novo Testamento, tão importante para a vida da Igreja.[87]

No século IV, com Fulgêncio de Ruspe (468-533), o adágio passou a vigorar de forma mais exclusivista, em uma perspectiva teológica que restringia a salvação universal do Deus Criador aos cristãos que estavam dentro da Igreja Oficial, excluindo os judeus e os considerados pagãos.[88]

Bem mais tarde, aproximadamente nove séculos após a elaboração de Fulgêncio, o axioma foi assumido pela primeira vez em um documento do magistério da Igreja Católica, na Bula *Cantate Domino* (CD) de Eugênio IV, em seu formato excludente, pelo Concílio de Florença 1442 d.C.:

> A Igreja crê firmemente, professa e proclama que nenhum dos que existem fora da Igreja Católica, não só pagãos, mas também judeus ou hereges e cismáticos, pode alcançar a vida eterna, mas vai para o fogo eterno, preparado para o diabo e seus anjos (Mt 25,41).[89]

Esta formulação – abarcando os círculos não católicos – vigorou por longo período, adentrando a Era Moderna. Após a Reforma Protestante, a Igreja da Contrarreforma reforçou seus posicionamentos em relação às outras tradições religiosas e manteve-se fechada ao diálogo com a Modernidade. Ao longo dos

---

86. Para uma maior explanação da trajetória do axioma, conferir: LIBÂNIO, J. B. Extra Ecclesiam Nulla Salus, p. 21-49.
87. TEIXEIRA, F., Teologia e pluralismo religioso, p. 22.
88. TEIXEIRA, F., Teologia e pluralismo religioso, p. 22.
89. DS 714. Conferir.: EUGENIUS IV., Cantate Domino, 1442.

anos a reafirmação do axioma continuou a colaborar bastante como "bandeira de luta" contra as outras tradições religiosas que estavam fora da Igreja Católica. Por exemplo, na já citada época da Reforma Protestante, o axioma serviu de *"slogan* contra os reformadores".[90]

É correto afirmar que houve tentativas de reduzir a tensão do texto de Florença, como por exemplo, no texto do Concílio de Trento (1545-1563) que fez uma tentativa de abertura dos caminhos de salvação aos pagãos, se ainda que implicitamente fizessem a opção por andar pelos caminhos de Deus e, mais tarde, no Concílio Vaticano I, no século XIX, quando o conceito de "ignorância invencível" foi incluído na questão.[91]

Após o Concílio Vaticano II uma nova perspectiva teológica passou a ser adotada por vários teólogos cristãos,[92] uma perspectiva mais inclusiva a respeito de outras religiões no plano de revelação e salvação de Deus. A quase falência desta postura está registrada no documento *O cristianismo e as religiões*, elaborado pela Comissão Teológica Internacional:

> O *eclesiocentrismo* exclusivista, fruto de determinado sistema teológico, ou de uma compreensão errada da frase "extra Ecclesiam nulla salus", já não é defendido pelos teólogos católicos depois das claras afirmações de Pio XII e do Concílio Vaticano II sobre a possibilidade de salvação para os que não pertencem visivelmente à Igreja (por exemplo: *LG* 16; *GS* 22).[93]

Vale lembrar que outras contribuições para a perpetuação do pensamento exclusivista, tanto de pensadores cristãos quanto de resoluções de instituições cristãs, poderiam ser acrescentadas a esta exposição. Porém, julgamos suficiente o exemplo supracitado para firmar nosso ponto de reflexão. Veremos a seguir uma virada importante para a acolhida da diversidade no pensamento cristão.

1.3.2. O paradigma inclusivista

Afinal de contas, o que caracteriza a abordagem Inclusivista diferenciando-a da Exclusivista? A abordagem Inclusivista caracteriza-se pela abertura dialogal às outras tradições religiosas, ao admitir "a possibilidade que, pelos muitos

---

90. SANCHEZ, W. L., O diálogo inter-religioso, p. 159.

91. AZEVEDO, S., Teologia das religiões, p. 82.

92. Ainda que a conservação da antiga fórmula tenha encontrado novos formatos ao longo da história em defesa da única via salvífica colocada em Jesus Cristo e através da Igreja após o Concílio Vaticano II, a moderação deu o tom das formulações teológicas, principalmente nos documentos oficiais da Igreja Católica. DI 16. Conferir.: CONGREGAÇÃO PARA A DOUTRINA DA FÉ. Declaração Dominus Iesus, 2000.

93. COMISSÃO TEOLÓGICA INTERNACIONAL., O cristianismo e as religiões, n°10.

e misteriosos caminhos de Deus, a salvação aconteça fora e além dos limites do cristianismo".[94] Esta abertura é condicionada, à medida que vincula a salvação nas outras tradições religiosas à ação misteriosa de Jesus Cristo dentro delas:

> As religiões do mundo são caminhos de salvação, mas enquanto implicam a salvação de Jesus Cristo. Mediante o seu Espírito, Cristo se faz presente e ativo no crente não cristão, operando para além dos limites não visíveis da Igreja, tanto na vida individual como nas diversas tradições religiosas.[95]

Dentro dessa perspectiva podemos apontar pelo menos duas vertentes que contribuíram de forma notável para o tema: a chamada "teologia do acabamento" ou "teoria do cumprimento", que considera as religiões como boas, porém, estas encontram seu "acabamento", seu "remate" no cristianismo. Esta vertente foi representada pelos teólogos Jean Danielou, Hans Urs Von Balthasar e Henri de Lubac, este último, autor jesuíta, uma influência importante para o Papa Francisco. Uma segunda vertente foi defendida por Karl Rahner (1904-1984), em sua tese dos "cristãos anônimos".[96]

Em tom crítico, José Maria Vigil entende que a teoria do cumprimento busca sustentar que, "para todas as religiões, o cristianismo vem a ser seu cumprimento, ou seja, sua consumação e, nesse sentido, seu acabamento, sua plenitude e, também, sua superação".[97]

A tese dos "cristãos anônimos", de Rahner, representa o pensamento inclusivo no sentido cristocêntrico, que inclui a humanidade inteira na salvação por meio de Jesus Cristo. Vigil apresenta uma síntese da argumentação de Rahner:

> Em nível pessoal, a autocomunicação de Deus transforma o ser humano, situando-o numa atmosfera existencial de graça. Todo ser humano faz de alguma maneira uma experiência original de Deus, ainda que de forma atemática e talvez aparentemente irreligiosa. Todos os que aceitam livremente a oferta da autocomunicação de Deus mediante a fé, a esperança e o amor, entram (para Rahner) na categoria de "cristãos anônimos", categoria que pode ser aplicada tanto aos membros de outras religiões quanto aos ateus.[98]

Para Rahner, a história da salvação é a salvação na história e da história. Portanto, segundo Rahner, não há duas "histórias" diferentes – "história de sal-

---

94. FILHO, C.R.C., Diálogo inter-religioso, p. 116.
95. TEIXEIRA, F., Teologia e pluralismo religioso, p. 29.
96. FILHO, C.R.C., Diálogo inter-religioso, p. 116.
97. VIGIL, J. M., Teologia do pluralismo religioso, p. 78.
98. VIGIL, J. M., Teologia do pluralismo religioso, p. 79.

vação" e "história da humanidade" –, "ocorre que a ação salvadora de Deus na história abarca a história toda".[99]

Apesar das críticas feitas por alguns teólogos importantes,[100] esta formulação de Rahner foi o "pensamento que mais influiu no Concílio Vaticano II",[101] que foi importante marco para a virada de compreensão das outras tradições religiosas, e – podemos afirmar sem receio – virada de autocompreensão da Igreja Católica. Observemos agora, o impacto da abordagem Inclusivista nas formulações do Concílio Vaticano II.

O Concílio Vaticano II teve início no pontificado do Papa João XXIII (1958-1963) e conclusão sob o pontificado de Paulo VI (1963-1978),[102] realizado em quatro sessões, entre os dias 11 de outubro de 1962 e 8 de dezembro de 1965. Anunciado em 25 de janeiro de 1959,[103] sendo convocado pelo Papa João XXIII no dia 25 de dezembro de 1961 através da bula papal *Humanae salutis*. Suas formulações visavam a um melhor diálogo entre a Igreja e o Mundo Contemporâneo.

Segundo Martín Dreher, o "termo central durante aquele concílio foi a palavra *aggiornamento*, com o qual se acentuaram aceitação e engajamento nos desafios dos tempos presentes à luz da fé católica".[104] O concílio propôs o diálogo como novo método de aproximação do momento histórico, das outras igrejas cristãs e tradições religiosas, rompendo com o antigo exclusivismo religioso.

A distância entre a percepção das outras religiões – contida na formulação do documento *Nostra Aetate* (*NA*), destinado à relação entre a Igreja e as outras religiões, e a formulação do Concílio de Florença no século XV – é impressionante. No dia 28 de outubro de 1965, através do documento *NA*, a Igreja Católica deu finalmente um passo significativo em direção ao diálogo com as outras grandes tradições religiosas, reconhecendo-as em seus aspectos positivos e como possíveis caminhos misteriosamente iluminados por Deus:

> A Igreja Católica nada rejeita do que nessas religiões existe de verdadeiro e santo. Olha com sincero respeito esses modos de agir e viver, esses preceitos

---

99. VIGIL, J. M., Teologia do pluralismo religioso, p. 79.

100. Os teólogos Hans Küng e Paul F. Knitter criticaram tal abordagem: para "Hans Küng que a considerou uma forma de "conquistar mediante um abraço": exalta-se e louva-se o não cristão, para vir a dizer-lhe que, no fundo, é um cristão, independentemente de sua própria vontade. Paul Knitter, por sua vez, diz que o inclusivismo "introduz os não cristãos na Igreja pela porta detrás". Conferir: VIGIL, J. M., Teologia do pluralismo religioso, p. 82.

101. VIGIL, J. M., Teologia do Pluralismo Religioso, p. 79.

102. DREHER, M. N., A Igreja latino-americana no contexto mundial, p. 194.

103. BEOZZO, J. O., Vaticano II; 40 anos depois, p. 9.

104. DREHER, M. N., A Igreja latino-americana no contexto mundial, p. 194.

e doutrinas que, embora se afastem em muitos pontos daqueles que ela própria segue e propõe, todavia, refletem não raramente um raio da verdade que ilumina todos os homens [...]. Exorta, por isso, os seus filhos a que, com prudência e caridade, pelo diálogo e colaboração com os sequazes das outras religiões, dando testemunho da vida e fé cristãs, reconheçam, conservem e promovam os bens espirituais e morais e os valores socioculturais que entre eles se encontram.[105]

Esta nova postura inclusiva do Concílio Vaticano II foi destacada por diversos autores, dentre eles, Faustino Teixeira.[106] Este foi um grande passo para a época, ao reconhecer que, também nessas outras grandes tradições religiosas, há um "raio da verdade que ilumina todos os homens".[107] Andrés Torres Queiruga, algumas décadas depois, veio a classificar como um começo de abertura ainda cauteloso.[108]

O teólogo Wagner Lopes Sanchez compartilha da posição de Teixeira, sobre a importância do concílio:

> Mesmo que dentro dos limites do paradigma Inclusivista, o Vaticano II trouxe inovação ao ter a coragem de romper com uma concepção exclusivista de quase dois milênios de história e defender o diálogo com as diferentes tradições religiosas. Por isso, o Concílio não só defendeu uma nova forma de compreensão dessas tradições como propôs um método, o diálogo, e foi resgatar nos evangelhos e na tradição da Igreja os elementos que pudessem fundamentar essa proposta.[109]

O Teólogo Paul F. Knitter ressalta esse avanço do Concílio Vaticano II, promovendo a troca do modelo de "substituição" pelo modelo de "completude" ou "cumprimento",[110] que consiste não mais na tentativa de substituição das outras religiões pela cristã, mas na completude que o cristianismo pode oferecer a todas. Seria este um grande passo para uma compreensão mais ponderada das outras religiões, compatível com a nova realidade e com o papel da Igreja: sacramento de salvação.[111]

---

105. NA 2.
106. TEIXEIRA, F., Teologia e pluralismo religioso, p. 24-25.
107. NA 2.
108. QUEIRUGA, A. T., O diálogo das religiões, p. 6.
109. SANCHEZ, W. L., O diálogo inter-religioso, p. 160.
110. KNITTER, P. F., Introdução às teologias das religiões, p. 107.
111. GS 45.

O Pontifício Conselho para o Diálogo Inter-religioso foi criado durante o Concílio Vaticano II, instituído pelo então Papa Paulo VI, para o estabelecimento da relação entre a Igreja Católica com as outras religiões e fiéis não cristãos. Podemos considerar um fruto dessa virada teológica Inclusivista. No documento Diálogo e Anúncio (DA), escrito 25 anos depois da publicação da *NA*, a perspectiva Inclusivista por nós apontada continua sendo assumida:

> "Arrependei-vos e acreditai na Boa-nova" (Mc 1,15). Essa mensagem não se limita àqueles que pertencem ao povo especialmente eleito. Com efeito, Jesus anunciou explicitamente a entrada dos gentios no Reino de Deus (Mt 6,10), e o Reino mesmo de Jesus, por que Jesus declara abertamente que ele próprio é rei (Jo 18,33-37). Em Jesus Cristo, o Filho de Deus, feito homem, nós temos a plenitude da revelação, e o cumprimento dos desejos das Nações.[112]

É verdade que alguns teólogos já entendem como insuficiente a abordagem Inclusivista e buscam a superação do paradigma.[113] A abordagem Inclusivista abriu espaço para a aproximação inter-religiosa mantendo a preocupação da prática do diálogo sem desfigurar o cristianismo. A posição oficial do magistério da Igreja Católica, se passível de uma classificação precisa – segundo a nossa observação – estaria situada na perspectiva Inclusivista, salvaguardando sua identidade e experiência de salvação no evento Jesus Cristo.[114] Dentro deste paradigma – Inclusivista – seguiram os papas Paulo VI, João Paulo II e Bento XVI.

Vejamos agora o que a Teologia do Pluralismo Religioso vem propondo e sua relação com o magistério da Igreja Católica.

1.3.3. O paradigma pluralista

Após a abertura para o novo horizonte teológico, o de encarar de frente a possibilidade da ação, revelação e salvação de Deus para além dos limites da fé cristã, o cristianismo encontra-se diante do novo e desafiador paradigma, que o chama a desenvolver de maneira equilibrada uma teologia das religiões.

Talvez, a distinção entre a perspectiva teológica Inclusivista e a Pluralista esteja somente na abordagem – o que representa uma virada significativa. Enquanto

---

112. DA 22.

113. TEIXEIRA, F., Teologia e pluralismo religioso, p. 113. Destacam-se entre os teólogos do pluralismo religioso: Paul Knitter, Raimon Panikkar, John Hick e Roger Haight.

114. Para uma maior explanação sobre a posição da Igreja Católica diante do diálogo inter-religioso, ver: GIOLA, F., Dialogo interreligioso nell'insegnamento ufficiale della Chiesa Cattolica, 2013.

a primeira articula-se dentro das categorias teológicas elaboradas e arraigadas em uma tradição religiosa específica, a segunda busca trilhar novos caminhos, para além das categorias teologicamente estabelecidas em uma dada tradição, para elaborar uma linguagem teológica que abarque a pluralidade de representações religiosas. Tanto uma quanto a outra são caracterizadas pela tentativa de acolhida da diversidade religiosa.

Apesar de à primeira vista parecer uma simples diferença, a perspectiva Pluralista é um verdadeiro giro no eixo teológico cristão. Se antes chamamos o modelo Inclusivista de cristocêntrico, agora, o modelo Pluralista coloca-se em um novo movimento de translação, em torno do Real, do Último, de Deus: caracteriza-se pelo seu teocentrismo. Como afirma Vigil: "nesse novo mapa a Igreja, Cristo e as outras religiões giram em torno de Deus".[115]

A abordagem pluralista "parte do pressuposto que todas as religiões são igualmente boas".[116] Não admite tão somente que as diversas religiões possuem riquezas espirituais para oferecer, mas as oferecem a partir de suas experiências, representações e categorias próprias:

> Em sentido teológico profundo, "ser pluralista" não significa conhecer a pluralidade, nem ser tolerante ou amante da variedade... Neste sentido técnico é algo mais profundo. Significa o reconhecimento da pluralidade legítima de vias de realização religiosa autônomas, sem normatividade e sem privilégios por parte de uma religião. Assim dito, em conjunto, sem entrar agora a fazer as nuances ulteriores necessárias.[117]

Importantes teólogos têm se ocupado em concatenar os pontos teológicos que ainda não oferecem um chão completamente seguro para a caminhada conjunta. O principal ponto teológico-sistemático que separa a abordagem Inclusivista e a Pluralista é a Cristologia.

Segundo John Hick, teólogo do pluralismo religioso, para empreendermos uma travessia até a outra margem, ou melhor, atravessar o "Rio Rubicão" teológico que separa uma abordagem da outra – analogia bem explorada por John Hick em suas obras –, é preciso abandonar a presunção exclusivista de outrora, mas também se faz necessário dar um outro passo, o de reconhecer que não podemos explicar a salvação de Deus dentro das outras tradições apenas em nossas categorias, vinculando-a ao evento Cristo:

---

115. VIGIL, J. M., Teologia do pluralismo religioso, p. 87.

116. FILHO, C. R. C., Diálogo inter-religioso, p. 117.

117. VIGIL, J. M. (Org.), O atual debate da teologia do pluralismo depois da Dominus Iesus, p. 10.

Pois uma vez que se dá por assentado que na verdade a salvação está ocorrendo não só dentro do cristianismo, mas também dentro das outras grandes tradições, parecerá arbitrário e irrealista permanecer insistindo em que o evento de Cristo é a fonte única e exclusiva de salvação humana. Quando se admite que os judeus estão sendo salvos dentro e através da corrente judaica da vida religiosa, que os muçulmanos estão sendo salvos dentro e através da corrente islâmica, que os hindus estão sendo salvos dentro e através das correntes hinduístas – e assim por diante –, será que poderia ser mais que um simples sinal de ressaca do antigo imperialismo religioso do passado a insistência em imprimir um rótulo cristão à salvação dentro dessas outras famílias de fé?[118]

Outro proeminente teólogo do pluralismo religioso, Roger Haight, acolhe a normatividade de Jesus como válida para os cristãos, mas entende que ela não pode ser universalizada para todos. Para Haight, os cristãos podem relacionar-se com Jesus Cristo como normativo da verdade religiosa acerca de Deus, do mundo e da existência humana, no entanto, convictos ao mesmo tempo, de que também existem outras mediações religiosas que são verdadeiras e, portanto, normativas.[119] Neste sentido, Paul F. Knitter afirma: "Jesus é verdadeiramente salvador, mas não somente ele".[120]

Claude Geffré compreende a história humana como história de salvação, não aprisionando a salvação como se fosse propriedade particular da história de dada tradição religiosa. Assim, compreende as religiões como caminhos de salvação, o que não compromete a unicidade de Cristo.[121] Isto posto, podemos compreender a posição de Geffré quando diz que "podemos reconhecer em todas as religiões a aspiração de uma Realidade última além dos limites desta história e a aspiração à uma libertação ou uma salvação em relação aos diversos males da condição humana".[122]

Como a abordagem Pluralista é a mais recente, é uma trilha que ainda será muito explorada. Ela configura um novo e inquietante horizonte para a teologia cristã em geral.

---

118. HICK, J., O caráter não absoluto do cristianismo, p. 23.
119. Conferir.: HAIGHT, R., Jesus, símbolo de Deus, 2003.
120. KNITTER, P. F., Jesus e os outros nomes, p. 70.
121. GEFFRÉ, C., O lugar das religiões no plano da salvação, p. 116-117.
122. GEFFRÉ, C., O lugar das religiões no plano da salvação, p. 116.

1.3.3.1. A teologia latino-americana e a teologia do pluralismo religioso

Na América Latina, a discussão em torno da teologia do pluralismo religioso (TdPR) ainda é controversa. A Teologia da Libertação (TdL) voltou-se prioritariamente para a perspectiva do pobre – das maiorias marginalizadas e excluídas – através de uma releitura da tradição cristã relacionando-a com questões humanas básicas. Para Faustino, em função de sua concentração na dimensão econômica do pobre, outros ângulos de reflexão acabaram não sendo amplamente contemplados – pelo menos na primeira etapa da TdL.[123]

No entanto, a reflexão teológica latino-americana sofreu mudanças nos últimos anos ampliando sua perspectiva, embora sem perder seu horizonte fundamental. Deu-se espaço, assim, para uma nova sensibilidade diante da questão das religiões, sobretudo a partir do final da década de 80.[124] As primeiras incidências dessa abertura se deram entre autores que trabalhavam a questão da teologia índia – ou dos povos originários da Ameríndia –, a questão da inculturação e das religiões afro-brasileiras.[125]

Para Gustavo Gutiérrez o pluralismo religioso contemporâneo traduz um apelo das nações mais pobres do mundo.[126] Dessa forma, a TdL é provocada a ampliar sua reflexão, considerando a dimensão religiosa plural presente na situação de pobreza do continente.

Um elemento importante que incentivou a acolhida do pluralismo religioso na TdL veio com o desenvolvimento de uma espiritualidade da libertação, que oportunizou a geração do conceito de *macroecumenismo*. Em sua origem o termo vinha associado a um espírito de abertura e acolhida que representavam a hospitalidade de Deus, sempre presente e disponível na história dos povos. Trata-se de um ecumenismo integral.

Nas palavras de Dom Pedro Casaldáliga, um importante personagem para o aparecimento e fortalecimento deste ecumenismo integral: "Deus é ecumênico, não é racista e nem está ligado a nenhuma etnia nem a nenhuma cultura, pois Deus não se dá a ninguém com exclusividade".[127] O *macroecumenismo* sugeria

---

123. TEIXEIRA, F., Teologia e Pluralismo Religioso, p. 158-159. Para Carlos Palácio houve pontuais resistências para se avançar por novos caminhos que também seriam de libertação, bem como a modernidade, aspectos relativos à cultura dos povos e diversidade das religiões populares. (PALÁCIOS, C., Trinta anos de teologia da América Latina, p. 63).

124. TEIXEIRA, F., Teologia e pluralismo religioso, p. 159.

125. TEIXEIRA, F., Teologia e pluralismo religioso, p. 159.

126. GUTIÉRREZ, G., Situazione e compiti della teologia della liberazione. Citado por: TEIXEIRA, F., Teologia e pluralismo religioso, p. 156.

127. CASALDÁLIGA, P.; VIGIL, J. M., Espiritualidade da Libertação, p. 192-193. Citado por: TEIXEIRA, F., Teologia e pluralismo religioso, p. 161.

uma palavra nova para exprimir uma realidade nova e uma consciência nova; sugeria o desafio de romper com os preconceitos tradicionais para poder abraçar, na expressão de Faustino Teixeira, "com muito mais braços e muito mais corações o Deus Único e Maior".[128]

É importante ressaltar também o esforço da Comissão Latino-Americana da Associação Ecumênica de Teólogos e Teólogas do Terceiro Mundo, chamado ASETT, na medida em que favoreceu a elaboração de uma TdPR que permitiu uma nova forma de diálogo teológico e novos laços de interlocução com a TdL.[129]

Atualmente, para qualquer labor teológico latino-americano, levar em consideração as religiões afro-brasileiras e os povos originários se tornaram indispensável. Nessa perspectiva, faz-se mister também o desafio relativo à questão da alteridade, ou seja, manter a própria identidade aberta e aceitar a alteridade como parte da própria identidade.[130] Como referências representativas, Faustino menciona a necessidade de diálogo do cristianismo com o candomblé,[131] bem como o também indispensável diálogo com as comunidades andinas, dentre outras matrizes. Diálogos estes que tornar-se-ão fecundos se nos dispusermos a conhecer – despojados de preconceitos – outras identidades religiosas.[132]

O teólogo chileno Diego Irarrazával propõe o reconhecimento de uma TdPR feita a partir dos povos originários, o que implica, em sua visão, a superação de certa linguagem cristocêntrica que dificulta a valorização de outros modos de crer e de ver a plenitude.[133]

Outro elemento bastante representativo para a acolhida do pluralismo religioso veio com a abertura da TdL à ecologia, e a consequente proposta de um novo paradigma caracterizado por uma nova dialogação com a totalidade dos seres.[134] O grande expoente e precursor de tal novidade foi Leonardo Boff.

Ao desenvolver a questão da nova sensibilização ecológica que veio responder criticamente a uma grave crise ambiental e de valores, Boff lança bases importantes para a reflexão da acolhida e valorização das diferenças, de uma nova compaixão para com todos os seres humanos; temas estreitamente relacionados ao pluralismo religioso. Assim, uma nova sensibilidade ecológica aliada a uma

---

128. TEIXEIRA, F., O diálogo inter-religioso como afirmação da vida, p. 149-150.
129. ASETT (Org.), Pelos muitos caminhos de Deus, p. 9-10.
130. PALÁCIO, C., Para uma pedagogia do diálogo, p. 371-372.
131. TEIXEIRA, F., Teologia e pluralismo religioso, p. 157.
132. TEIXEIRA, F., Teologia e pluralismo religioso, p. 157.
133. TEIXEIRA, F., Teologia e pluralismo religioso, p. 157.
134. VIGIL, J. M., Macroecumenismo: teologia latino-americana das religiões, p. 71-88.

nova espiritualidade permitiu uma nova perspectiva sobre a pluralidade de tradições religiosas.

É necessário mencionar também o importante papel desempenhado pela teologia feminista na afirmação de uma nova sensibilidade frente a TdPR. Muitas representantes tiveram importância fundamental,[135] com particular destaque para Ivone Gebara, que desempenhou papel pioneiro para o debate do pluralismo religioso ao enfatizar o desafio do feminismo latino-americano diante das religiões patriarcais e aos absolutismos que se firmaram em seu interior. Gebara identifica a perspectiva feminista com a dinâmica pluralista, destacando a importância de buscarmos caminhos para a boa convivência com o pluralismo religioso e a partir dele.[136]

1.3.3.2. O magistério da Igreja Católica e a teologia do pluralismo religioso

Como mencionamos anteriormente, após o Concílio Vaticano II o magistério da Igreja Católica seguiu a linha Inclusivista. O diálogo inter-religioso passou a ser um tema progressivamente trabalhado pelos papas do pós-concilio que antecederam Francisco: Paulo VI, João Paulo II e Bento XVI. Sobre os dois últimos, enquanto João Paulo II dedicou 591 discursos ao tema do DIR em mais de 25 anos de papado, Bento XVI discursou sobre a temática em 188 oportunidades durantes os 7 anos de papado.[137]

Para ficarmos apenas nestes dois últimos papas, podemos destacar os encontros inter-religiosos realizados na cidade de Assis, na Itália. O primeiro ocorreu no ano de 1986, mais precisamente no dia 27 de outubro, quando o papa João Paulo II proferiu um discurso em favor da paz, diante dos muitos líderes de outras tradições cristãs e religiosas. Este dia ficou marcado como o dia mundial de oração pela paz e foi considerado um marco revolucionário para o DIR.

Nem todas as reações referentes à atitude do Papa João Paulo II – de ir ao encontro – foram positivas dentro da Igreja, principalmente nos meios tradicionalistas. Mesmo assim, em outras duas oportunidades João Paulo II esteve presente neste mesmo evento e o Papa Bento XVI em mais uma ocasião em 2011. Tal desconforto causado a alguns seguimentos e ao mesmo tempo aprovação de outros, apontam para a dificuldade em torno da questão do DIR.

---

135. Entre elas, além de Ivone Gebara, mencionamos: Luiza Tomita, Silvia Regina de Lima Silva, Wanda Deift, entre outras. Ver: TEIXEIRA, F., Teologia e pluralismo religioso, p. 162.

136. TEIXEIRA, F., Teologia e pluralismo religioso, p. 162.

137. GIOLA, F., Dialogo interreligioso nell'insegnamento ufficiale della Chiesa Cattolica, 2013.

Depois dos documentos conciliares, especialmente da Declaração *Nostra Aetate*, que abordou a relação da Igreja com as outras religiões, os outros documentos seguiram a abertura dialogal proposta pelo concílio:

> O "diálogo" com as demais religiões passou a ter um valor normativo na vida da Igreja e em suas reflexões teológicas. Outros documentos seguiram esta importante Declaração, desenvolvendo, complementando e relacionando a ideia do diálogo inter-religioso com outras áreas da Igreja, em especial com o "anúncio" evangelizador, onde pareceria haver uma potencial tensão com o diálogo. Poderíamos nomear aqui, apenas para relacionar alguns dos principais, a "Declaração *Dignitatis Humanae* sobre a Liberdade Religiosa", um documento conciliar de 7 de dezembro de 1965; o documento "A Igreja e as outras Religiões: Diálogo e Missão", do então Secretariado para os Não Cristãos (hoje Pontifício Conselho para o Diálogo Inter-Religioso), de 10 de junho de 1984; e o documento "Diálogo e Anúncio", do Pontifício Conselho para o Diálogo Inter-religioso, de 19 de maio de 1991; entre outros documentos.[138]

Para alguns teólogos a Declaração *Dominus Iesus* (*DI*) representou um desacelerar da abertura dialogal em curso desde o Concílio Vaticano II. Publicada no ano 2000, pela Congregação para a Doutrina da Fé (CdF), sob a direção do então Cardeal Joseph Ratzinger – hoje Papa Emérito Bento XVI – e ratificada pelo então Papa João Paulo II, a *DI* abordou a unicidade e a universalidade salvífica de Jesus Cristo e a doutrina da Igreja. Faustino Teixeira aponta certa rigidez doutrinária na *DI*, que, segundo o autor, não conseguiu avançar o paradigma Inclusivista, mas veio consagrar a posição na qual as outras religiões são apenas um "marco de espera", estágio inacabado, até encontrar seu "acabamento" no cristianismo:

> Como exemplo, a rígida separação entre a fé teologal e a crença nas outras religiões. Na visão defendida pela CdF, a fé teologal consiste na "aceitação da verdade revelada por Deus Uno e trino", enquanto as crenças traduzem uma "experiência religiosa ainda à procura da verdade absoluta e ainda carecida do assentimento a Deus que se revela" (*DI* 7) (CTI, 1997). A Declaração da CdF não exclui a presença da graça divina nos adeptos das outras religiões, mas reitera que os mesmos se encontram objetivamente numa "situação gravemente deficitária, se comparada com a daqueles que na Igreja têm a plenitude dos meios de salvação" (*DI* 22).[139]

---

138. BAVARESCO, A.; OLIVEIRA, R. E. (Orgs.)., Diálogo inter-religioso, p. 10.
139. TEIXEIRA, F., A teologia católica face ao pluralismo religioso, p. 1.740.

Em 2001, a CdF notificou o teólogo Jacques Dupuis pela sua obra *Verso una Teologia Cristiana del Pluralismo Religioso* (1997). A Notificação reafirma a posição adotada pelo magistério da Igreja:

> Na proposição de número 3, a precisa defesa da teologia do acabamento: "É conforme a doutrina católica afirmar que as sementes da verdade e bondade existentes nas outras religiões constituem uma certa participação na verdade contida na revelação de/em Jesus Cristo". E estes elementos de verdade e bondade, ainda segundo a Notificação, derivam em última instância da mediação fontal de Jesus Cristo (CdF, 2006, p. 550).[140]

Além do já citado jesuíta Jacques Dupuis, outros importantes teólogos foram notificados pela CdF no início dos anos 2000, basicamente por desacordos entre a doutrina da Igreja e suas abordagens cristológicas, casos de Roger Hight, Jon Sobrino, Andrés Torres Queiruga e José Antonio Pagola. Depois da publicação da *DI* e das notificações – e até sanções –, houve certo estremecimento na relação do magistério com alguns teólogos pluralistas.[141]

Mesmo assim o magistério da Igreja durante os pontificados posteriores ao concílio esteve aberto ao diálogo com as outras religiões. Isso não implica uma obrigatória concordância com os termos das teologias pluralistas em suas abordagens inter-religiosas.

Os últimos papas, portanto, cada um ao seu estilo, em resposta ao seu tempo, deram conta da busca pelo diálogo com as outras religiões. Paulo VI dialogando com o mundo moderno e suas problemáticas, o papa João Paulo II com o diálogo pela paz e o papa emérito Bento XVI com o diálogo da caridade na verdade.

O Papa Francisco apresenta em seu pontificado uma forte abertura ao diálogo inter-religioso, um estilo próprio, fato que é visto de maneira positiva pelos teólogos do pluralismo religioso e com desconfiança por alguns grupos tradicionalistas. Entendemos que Francisco não extrapola as formulações do Concílio Vaticano II, contudo as aplica radicalmente, confiante na ação do Espírito Santo para além da Igreja visível e da religião cristã, sem enfraquecer a veia missionária da Igreja. Com isso, nesses poucos anos de pontificado, Francisco já trouxe contribuições significativas ao tema do diálogo inter-religioso. Seu pontificado é marcado pela abertura e pelo diálogo. Tentaremos defender tais afirmações nos capítulos que seguem.

---

140. TEIXEIRA, F., A teologia católica face ao pluralismo religioso, p. 1740.
141. Conferir a obra: VIGIL, J. M. (Org.)., O atual debate da teologia do pluralismo depois da Dominus Iesus, 2005.

Capítulo 2 | O Papa Francisco e suas ênfases teológico-pastorais

Desde a sua eleição para o cargo de bispo de Roma, Francisco vem trazendo novidades. O primeiro Francisco entre os papas, o primeiro papa jesuíta e vindo do continente americano, chegou ao papado cercado por expectativas, em um momento delicado para a Igreja Católica.

Para muitos, Francisco simboliza a esperança de um novo tempo para a Igreja, já que, "depois de um inverno rigoroso de escândalos, acusações, difamações e divulgações na imprensa de fatos ocorridos no seio da Igreja",[142] a milenar instituição cristã, formada por mulheres e homens, assistida pelo Espírito Santo de Deus, almejava contemplar um período primaveril.

Sua aceitação para além do horizonte cristão católico e a oposição de alguns grupos ultraconservadores católicos, ajudam a fazer de Francisco uma figura que desperta o interesse de religiosos de outras tradições. Sua abertura ao diálogo com o mundo, com fiéis e não crentes, desatam as vias de acesso ao encontro inter-humano, necessário para a construção de uma sociedade mais pacífica.

Seus gestos, falas e atitudes são repletos de significado. Francisco tem um modo jesuítico de ser, uma maneira própria de amar a Igreja, um viver contemplativo na ação, que dão provas de que o resgate da alegria de viver o Evangelho abrirá a possibilidade de testemunho dos valores, princípios e sabedoria contidas nas Boas-novas.[143]

O presente capítulo pretende apresentar algumas ênfases teológico-pastorais do Papa Francisco, contidas nos seus discursos, em algumas obras de sua autoria e comentadas por outros importantes autores. Usaremos como suporte

---

142. SIQUEIRA, J. C., Evangelii Gaudium, p. 23.
143. SIQUEIRA, J. C., Evangelii Gaudium, p. 23.

especial a Exortação Apostólica *Evangelii Gaudium*, dada no ano inicial do seu pontificado, um verdadeiro programa de pontificado.

Primeiramente, apresentaremos alguns precedentes fundamentais que possivelmente contribuíram para a construção do pensamento social, ecológico e teológico-pastoral de Francisco, presentes em sua maneira autêntica de exercer o cargo máximo da Igreja Católica. Na segunda parte, faremos uma leitura do seu plano de pontificado, destacando alguns pontos que nos servirão como suporte posteriormente, quando, especificamente apresentarmos as contribuições do diálogo inter-religioso no autor e em sua Encíclica *Laudato Si'*. Refletiremos sobre a sua proposta de realizar a Igreja em saída e sobre sua sensibilidade ecológica. Prosseguiremos colocando em relevo algumas ênfases teológico-pastorais do papa: os quatro princípios norteadores das ações de Francisco; a opção preferencial pelos pobres (OPP); e a busca pela construção de uma Cultura do Encontro que privilegie o diálogo como atitude-chave. O diálogo é a ação motriz para a implementação da Cultura do Encontro, a qual Francisco pretende estabelecer nos âmbitos *intra*, *inter* e *extra* eclesiais, incluindo aqui a busca por estabelecer o diálogo inter-religioso.

2.1. Precedentes

Faremos uma trajetória expositiva, apontando alguns possíveis elementos formadores do pensamento social, ecológico e teológico-pastoral do Papa Francisco. Não pretendemos destrinchar todo o pensamento teológico do atual bispo de Roma, muito menos apresentar sua biografia detalhada, mas captar elementos que nos deem suporte para posteriormente situar as contribuições de Francisco para o diálogo inter-religioso.

2.1.1. As origens de Jorge Mario Bergoglio

Dia 17 de dezembro de 1936, nasce em Buenos Aires, capital da Argentina, Jorge Mario Bergoglio, "filho de emigrantes piemonteses: o seu pai Mario trabalhava como contabilista no caminho de ferro; e a sua mãe Regina Sivori ocupava-se da casa e da educação dos cinco filhos."[144] Este não seria o único "parto" de Jorge Mario, apenas o parto biológico, mas outros "nascimentos" se dariam em sua vida: Antecedentes históricos e existenciais; formação religiosa e mística.[145] Enfim, influências que fizeram parte da sua formação como pensador e líder.

---

144. A SANTA SÉ., Biografia do Santo Padre Francisco, N.p.

145. ALTEMEYER JR. F., Os muitos partos do bispo de Roma, p. 104. Fernando Altemeyer Jr. propõe como chave de leitura do pensamento do Papa Francisco os muitos partos que viveu em sua trajetória, os diver-

A Argentina foi destino comum para uma massa de emigrantes italianos entre os anos de 1880 e 1930. Muitos destes forçosamente fugindo do fascismo e do difícil momento econômico italiano,[146] partiam ao encontro de familiares que se instalaram com sucesso no país latino-americano, caso dos avós do Papa Francisco, Giovanni Angelo Bergoglio e Rosa Margarida Vasallo di Bergoglio, que junto com seus seis filhos – dentre eles Mario, o pai do futuro bispo de Roma – foram ao encontro dos irmãos de Giovanni, que obtiveram sucesso em Paraná, na região Entre Rios.[147] Deixando parte de suas histórias no continente europeu, Giovanni e Rosa com seus seis filhos pisavam o solo da então oitava potência econômica mundial em janeiro de 1928, após uma longa viagem de cinco semanas a bordo do transatlântico *Giulio Cesare*.[148]

Jorge Mario nasceu no seio de uma família católica de classe média-baixa, no bairro de Flores, na cidade de Buenos Aires (Argentina). Sua família morou apenas dois anos em Paraná, até sofrerem os efeitos da recessão mundial. Naquele momento, a Argentina não vivia uma boa fase econômica, bem diferente do instante que seu pai chegou ao país. Os Bergoglio eram uma típica família de imigrantes italianos[149], pertencentes à grande classe média daquele país.[150] Seus pais tiveram quatro filhos, além de Jorge Mario, o mais velho deles. Dos cinco, apenas Jorge Mario e María Helena continuam vivos. Alberto Horacio, Óscar Adrián e Marta Regina já faleceram.

No dia de Natal do ano de seu nascimento, Jorge Mario foi batizado pelo Padre Enrique Pozzoli sdb, que, anos depois veio se tornar seu diretor espiritual. Estudou no Colégio Salesiano de Flores, onde passou toda a infância.[151] Rosa, sua

---

sos momentos importantes e decisivos na trajetória de todo homem e mulher como influências na sua formação até chegar ao papado.

146. ALTEMEYER JR. F., Os muitos partos do bispo de Roma, p. 108.

147. Com detalhes, Austen Ivereigh conta a saga dos Bergoglio na Argentina, como parte importante da biografia de Jorge Mario Bergoglio: IVEREIGH, A., El gran reformador, 2015.

148. IVEREIGH, A., El gran reformador, p. 20. Curiosamente, os avós do Papa Francisco não viajariam no transatlântico *Giulio Cesare*, que saiu um mês depois do transatlântico luxuoso *El Princepessa Mafalda*, embarcação a qual obtinham bilhetes de terceira classe. O atraso na venda da cafeteria da família em Turim obrigou a família Bergoglio a trocar seus bilhetes. O *El Princepessa Mafalda* nunca chegou ao seu destino pretendido, afundando após um rasgo em seu casco, vitimando de forma fatalmente aproximadamente quinhentos passageiros, quase todos eles da terceira classe.

149. Com sensibilidade ao tema, logo após a sua eleição como Papa, Francisco, nascido de imigrantes, escolheu como local da sua primeira visita papal na Europa a pequena ilha de Lampedusa na Itália. Esta ilha tem sido um lugar-chave para o ingresso de imigrantes do norte da África na Europa, onde mais de mil cadáveres já apareceram na tentativa da busca pela nova vida além-mar. Muitos destes sofreram nos abarrotados barcos e sob o domínio dos traficantes de humanos. IVEREIGH, A., El gran reformador, p. 17.

150. IVEREIGH, A., El gran reformador, p. 27.

151. ALTEMEYER JR. F., Os muitos partos do bispo de Roma, p. 112.

avó paterna, foi a sua maior influenciadora na infância, principalmente nos seus cinco primeiros anos de vida. Ivereigh a descreve como "uma mulher formidável de profunda fé e aptidões políticas."[152] Além de iniciá-lo na fé, *Nonna* Rosa também foi responsável pela manutenção de parte das raízes italianas de Jorge Mario Bergoglio, pois falava piemontês – dialeto do noroeste italiano[153] – com Giovanni, e contava histórias dos tempos em que os Bergoglio viviam na Itália. Por lá, Rosa foi bastante envolvida com a Ação Católica, movimento iniciado pelos bispos italianos em 1920. Em certa ocasião, subiu no púlpito de sua igreja para criticar publicamente Benito Mussolini, ditador fascista. Assim, a ditadura foi um dos motivos que os impulsionaram a emigrar.[154]

Durante cinco anos, desde 1952, foi membro da Ação Católica da paróquia de Flores, ao mesmo tempo estudava na Escola Secundária Industrial e se formava em Química. Os anos de 1950 foram de muita tensão entre Igreja e Estado na Argentina. Jorge Mario participou das manifestações de 1957, que pediam a participação da Igreja na direção de universidades.

Outro parto – ou momento marcante – se deu quando, Jorge Mario, com aproximadamente 21 anos de idade, optou pela vida consagrada e ingressou no seminário diocesano de Villa Devoto – na época administrado por jesuítas – na capital argentina. Não foi uma decisão espontânea ou irrefletida, mas um processo. Na sua casa as reações foram distintas, com aplausos do pai e apreensão da mãe, mas ninguém ficou surpreso.[155] O amigo de adolescência Oscar Crespo também não foi pego de surpresa por tal decisão e relata:

> Eu me lembro que muito antes disso, nos finais de 1952, Jorge e eu fomos trabalhar no laboratório Hickethier-Bachmann, que ficava na esquina de Santa Fé e Azcuénaga. Passávamos longas horas juntos ali e conversávamos muito. Um dia ele me disse: "eu vou terminar o colégio com vocês, mas não serei químico. Serei sacerdote. E não vou ser padre de basílica. Vou ser jesuíta, porque vou querer ir aos bairros, às favelas, estar com as pessoas". E foi assim! Eu mesmo o levei às favelas no meu carro, pois ele nunca teve um, durante anos. Eu ficava do lado de fora e ele entrava como se nada fosse.[156]

---

152. IVEREIGH, A., El gran reformador, p. 32.

153. Hoje, o papa utiliza-se do piemontês para falar com as pessoas do noroeste italiano (PIQUÉ, E., Papa Francisco, p. 69).

154. IVEREIGH, A., El gran reformador, p. 33.

155. PIQUÉ, E., Papa Francisco, p. 52.

156. PIQUÉ, E., Papa Francisco, p. 53.

O jovem Bergoglio já apresentava o ardor no coração pelo encontro com aqueles que mais sofriam e eram as vítimas mais oprimidas pelas estruturas sociais daquele tempo. Segundo o relato supracitado, Bergoglio já se lançava às periferias existenciais como alguém compelido por sua veia missionária que pulsa pelo encontro com os mais pobres em suas necessidades.

Ingressou no seminário de Villa Devoto, onde passou por uma pneumonia que quase lhe tomou a vida. Precisou de uma delicada cirurgia, que subtraiu parte de seu pulmão. O seminarista Jorge Mario passou por um período de muita dor, mas se recuperou. Esta questão não o limitou consideravelmente, mas deveria se poupar de cantar.[157] Piqué aponta este momento de dificuldade como o momento decisivo na trajetória do jovem seminarista:

> Durante este período de convalescença, sentindo-se atraído pelo espírito da Companhia de Jesus, decide abandonar o seminário de Villa Devoto e tornar-se jesuíta. Definitivamente ele quer ser missionário, e a ordem fundada por Santo Inácio em 1540 é famosa por sua posição de vanguarda neste sentido.[158]

Continuando a jornada por nós proposta, daremos relevo a algumas características da formação de Bergoglio na Companhia de Jesus, em especial à influência da espiritualidade ecológica dos jesuítas e aos Exercícios Espirituais de Santo Inácio de Loyola na formação do pensamento do agora Papa Francisco.

2.1.2. As influências da Companhia de Jesus na formação do pensamento de Bergoglio

O primeiro papa jesuíta da história passou ao noviciado da Companhia de Jesus no dia 11 de março de 1958, em Córdoba, e ali esteve por dois anos. Impressionou-se com três aspectos da Companhia: "missionaridade, comunidade e disciplina".[159] Era o começo da jornada de quatorze anos de estudo. Não somente disciplinas teóricas – "humanidades, grego, latim, literatura, história da arte, e, claro, teologia – como também prática, trabalho de campo, contato permanente com os fiéis e com o sofrimento."[160] Fez então os votos de pobreza, castidade e

---

157. ALTEMEYER JR. F., Os muitos partos do bispo de Roma, p. 111.
158. PIQUÉ, E., Papa Francisco, p. 54.
159. SPADARO, A., Intervista a Papa Francesco, p. 452.
160. PIQUÉ, E., Papa Francisco, p. 54.

obediência. Em 1960 foi enviado para o Chile, para estudar Humanidades em um seminário jesuítico, a casa de retiro San Alberto Hurtado.[161]

Após a conclusão do curso e de volta a Argentina, em 1963, finalizou a Licenciatura em Filosofia no Colégio São Jos, mesmo local onde estudou Teologia, finalizando a Licenciatura em 1970. Também foi professor de Literatura e Psicologia, de 1964 a 1965, no Colégio da Imaculada de Santa Fé. Ensinou as mesmas disciplinas no Colégio do Salvador, em Buenos Aires.

Realizou a etapa final de formação na Companhia de Jesus entre os anos de 1970 e 1971 em Madri,[162] na Universidade Alcalá de Henares. Esta última etapa de formação – ou Terceira provação, como é conhecida – consiste no aprofundamento da vivência da intensa espiritualidade da Companhia de Jesus e no seu estilo de vida. Acompanhado por um instrutor mais experiente, o candidato deve praticar "trinta dias de retiro espiritual silencioso – baseado nos *Exercícios Espirituais* (E.E.) de Santo Inácio – e ação pastoral entre os pobres.[163]

Jorge Mario Bergoglio foi compenetrado pela espiritualidade do fundador da Companhia de Jesus, uma grande influência em sua caminhada.[164] A visão integradora da realidade contida nos E.E. de Santo Inácio, "onde as dimensões teológicas, antropológicas e ecológicas estão profundamente imbricadas",[165] também pode ser percebida na *LS* do Papa Francisco. Em um mundo atual fragmentado, dividido e ferido pela destruição da Criação de Deus, Francisco resgata a integradora espiritualidade inaciana.

Bergoglio estudou grandes autores jesuítas como: Henri de Lubac, Michel de Certeau e, acima de tudo, Gaston Fessard.[166] Finalizou sua formação religiosa no dia 22 de abril de 1973 e, no mesmo ano, no dia 31 de julho foi eleito provincial superior dos jesuítas na Argentina com apenas 36 anos de idade – esta província incluía o Uruguai – no mesmo ano que Juan Domingo Perón voltou ao poder.[167] Ele encontrou uma realidade fragmentada, um momento de grandes conflitos internos na Igreja, e de conflitos sociais no país. Grande parte do clero da Igreja Católica na Argentina apoiava o *peronismo*.[168] Muitos passaram a buscar maneiras

---

161. ALTEMEYER JR. F., Os muitos partos do bispo de Roma, p. 113.
162. PIQUÉ, E., Papa Francisco, p. 70.
163. PIQUÉ, E., Papa Francisco, p. 54.
164. IVEREIGH, A., El gran reformador, p. 18.
165. SIQUEIRA, J. C., Os jesuítas e a espiritualidade ecológica, p. 10.
166. BORGHESI, M., O pensamento de Jorge Mario Bergoglio, p. 3-4.
167. PIQUÉ, E., Papa Francisco, p. 71.
168. LUCIANI, R., La Opción Teológico-Pastoral del Papa Francisco, p. 101.

de apoiar a revolução, outros passaram para a clandestinidade. Bergoglio foi acusado de ultraconservadorismo por muitos opositores e até mesmo de dar reforço a "valores e estilos pré-vaticanos"[169], muito por conta do seu modo autoritário de tomar decisões no começo do seu governo, em meio à crise.[170]

Piqué destaca que Bergoglio, desde o início, aplicava os princípios da espiritualidade inaciana,[171] "que chamam à reflexão, à oração, ao discernimento, no realismo de uma luta diária, constante, do bem contra o mal."[172] Especialmente naquele contexto de grande confusão ideológica e esquemas sociológicos que invadiam a Igreja, Bergoglio buscou a consolidação de uma equipe de pastoral vocacional – já que havia uma queda drástica de membros na Companhia e também de vocações – além de promover o retorno à espiritualidade inaciana.[173]

Em famosa entrevista concedida ao Padre Antonio Spadaro em 2013, o já Papa Francisco elege o discernimento como ponto da espiritualidade inaciana, o que mais o ajuda a viver o seu ministério.[174] O jesuíta Spadaro entende que o discernimento é, de fato, um "pilar" da espiritualidade do papa e que neste ponto está impressa a identidade jesuítica de Bergoglio.[175]

Desde seus primórdios, a Companhia de Jesus tem um compromisso com a questão ecológica, em grande parte tendo como "inspiração a experiência de Santo Inácio nos *Exercícios Espirituais*, sobretudo na chamada contemplação para alcançar amor (*Contemplatio ad amorem*)."[176] A espiritualidade inaciana expressa nos E.E. apresenta duas cosmovisões compatíveis com a visão ecológica atual, uma visão antropocêntrica e outra cosmocêntrica.

A cosmovisão antropocêntrica tem seu acento no homem, criado para dar louvor a Deus, e as coisas criadas são e existem para o ajudar a alcançar este objetivo. O homem não deve explorar a criação de forma desordenada, desrespeitosa e desonrosa, mas tratá-la com a dignidade que lhe foi imputada como querida e

---

169. PIQUÉ, E., Papa Francisco, p. 65.

170. O Papa Francisco reconhece o começo difícil como provincial dos jesuítas, quando sua falta de experiência naquele momento o levou a tomar decisões erradas e precipitadas. (SPADARO, A., La Civiltà Cattolica, p. 449-477). Ver também em: IVEREIGH, A., El gran reformador, p. 235.

171. Sobre a herança inaciana de Francisco: MIRANDA, M. de F., A Reforma de Francisco, p. 174-195.

172. PIQUÉ, E., Papa Francisco, p. 72.

173. PIQUÉ, E., Papa Franciscc, p. 73.

174. SPADARO, A., Intervista a Papa Francesco, p. 453.

175. SPADARO, A., Intervista a Papa Francesco, p. 454. Para uma explanação mais completa sobre as influências inacianas na formação teológico-pastoral de Bergoglio: PELEGRINI, J. A. M., Soy jesuíta, soy hijo de la Iglesia, 2014.

176. SIQUEIRA, J. C., Os jesuítas e a espiritualidade ecológica, p. 9.

gerada por Deus. Esta visão está mais de acordo com uma hermenêutica *proclamativa* da Bíblia.

Já a cosmovisão cosmocêntrica corresponde à tradição encontrada nos Salmos e Sapienciais, uma tradição mais *manifestativa* da Bíblia, "onde o ser humano se compreende na relação com Deus e com as demais criaturas, no louvor, na dimensão salvífica e na relação com todas as formas de vida que integram o universo planetário."[177] O encontro mais profundo entre a espiritualidade inaciana e a ecologia se dá nessa cosmovisão. Maria Clara Bingemer assinala que na "contemplação para alcançar amor dos *Exercícios Espirituais de Santo Inácio* é que está a síntese feliz e harmoniosa entre *kosmos, anthropos* e *theos*".[178]

Mais recentemente, a questão ecológica continuou sendo abordada pelos jesuítas, agora diante de diferentes desafios suscitados por um novo contexto histórico. Destacam-se dois documentos da Companhia de Jesus que encontram consonância com a *LS* do jesuíta Francisco. São eles: *Vivemos em um mundo fragmentado*, de 1999, e o documento *Curar um mundo ferido*, de 2011.

No primeiro documento citado, as desigualdades e injustiças entre os povos e continentes são colocadas em questão, relacionados à cosmovisão fragmentada da realidade e às consequências sociais e teológicas oriundas de tal visão. A visão fragmentada do mundo é bem combatida pela proposta de uma visão integral na *LS*. O documento *Curar um mundo ferido*, de 2011, foi resultado de estudos feitos por um grupo de jesuítas sobre o tema da ecologia, convocados onze anos depois da publicação do documento anterior, já que no período entre documentos as questões ambientais agravavam-se progressivamente.[179] Sobre este documento, o Padre Josafá Carlos de Siqueira comenta:

> Trata-se de um documento extremamente rico, estruturado dentro da maneira jesuítica de pensar, onde as questões ambientais estão relacionadas com os aspectos sociais, teológicos e espirituais, reproduzindo a visão sistêmica de Santo Inácio de Loyola. Seguindo a metodologia do ver as tendências globais atuais, e do julgar a partir da maneira inaciana de ver o mundo, o documento, diferente do anterior (Vivemos em um mundo fragmentado), conclui com uma série de recomendações práticas de como atuar e dar testemunho pessoal e comunitário, a partir de uma série de ações na linha da sustentabilidade. Seguindo a tradição da espiritualidade inaciana e os

---

177. SIQUEIRA, J. C., Os jesuítas e a espiritualidade ecológica, p. 16.
178. BINGEMER, M. C. L., Theos-kosmos-anthropos, p. 7-11.
179. SIQUEIRA, J. C., Os jesuítas e a espiritualidade ecológica, p. 40-41.

apelos dos últimos papas da Igreja, que insistem na necessidade de nossa colaboração nos esforços para preservar o meio ambiente e as populações pobres, que são as mais ameaçadas pelas consequências da degradação ambiental, o cuidado com a criação volta a ter uma nova dimensão da missão dos jesuítas e colaboradores leigos.[180]

É impressionante a semelhança entre a estrutura do documento supracitado e a da *Laudato Si'*. Na estrutura da *LS* também pode ser observado o emprego do método "ver-julga-agir".[181] As semelhanças não se limitam à metodologia, mas podem ser vistas na visão sistêmica da realidade,[182] na ênfase na chamada à nossa colaboração e esforços conjuntos em vista da preservação ambiental e dos povos pobres (*LS* 2; 10; 13; 201; 214; entre outros),[183] assim como nas recomendações finais, que possuem certa semelhança com a proposta do V capítulo da *LS* – intitulado "Algumas linhas de orientação e ação" – por oferecer uma proposta prática.[184]

Marco Gallo afirma que o pensamento social do Papa Francisco foi fortemente influenciado pela sua formação como jesuíta.[185] Possivelmente, o pensamento ecológico de Francisco também seja devedor de sua formação na Companhia de Jesus. Mario de França Miranda também faz esta projeção, da formação de Bergoglio como jesuíta que atalhará em seu pontificado:

> Tanto as experiências que teve como seminarista na ordem dos jesuítas, de cunho comunitário, espiritual ou intelectual, quanto suas atividades como jesuíta já formado, seja no campo da espiritualidade, seja do governo, se realizaram sempre dentro do espírito e das orientações próprias desta ordem religiosa.[186]

Somos seres gerados em um contexto histórico-social específico. Bergoglio experimentou outras influências ainda em seu período de formação sacerdotal, e o contexto da recepção do Concílio Vaticano II na Argentina possivelmente influenciou o seu pensamento teológico-pastoral.

---

180. SIQUEIRA, J. C., Os jesuítas e a espiritualidade ecológica, p. 42-43.

181. Conferir: SOUZA, J. N., A *Laudato Si'* na perspectiva do método "Ver, julgar e agir", 2016.

182. LS 70; 92; 120; 137.

183. LS 2; 10; 13; 201; 214.

184. LS 169-201.

185. GALLO, M., El pensamiento social y político de Bergoglio y Papa Francisco, p. 13.

186. MIRANDA, M. F., Francisco, p. 134.

2.1.3. A recepção do Concílio Vaticano II na América-latina

Francisco deseja "uma Igreja pobre para os pobres".[187] Para uma melhor compreensão desta "opção preferencial pelos pobres", que Rafael Luciani classifica como uma "opção teológico-pastoral"[188] do Papa Francisco – mais adiante veremos esta ênfase no plano de pontificado de Francisco –, se faz importante lembrar dos anos que seguiram a sua ordenação como sacerdote – realizada em 13 de dezembro de 1969 pelo Arcebispo D. Ramón José Castellano.[189] Estes foram anos importantes para os católicos em geral, especialmente na América-Latina, onde viviam intensamente os primeiros momentos do pós-Concílio Vaticano II e de uma virada pastoral.

O Concílio Vaticano II foi formado por milhares de participantes, entre "Padres Conciliares, peritos e convidados",[190] a maioria europeus. Sendo assim, foi necessária uma contextualização do concílio para a realidade da América Latina. Rafael Luciani e Félix Palazzi sublinham neste contexto na América Latina a busca por uma nova maneira de ser Igreja, uma "Igreja dos pobres", como o Papa João XXIII enfatizou.

Este desejo ganha continuidade com a proposta da *Mater et Magistra*, de 1961, e de Paulo VI com a *Populorum Progressio* de 1967. Tais documentos são fontes de inspiração para os de Medelín e de San Miguel, somados ao impacto do chamado "Pacto das Catacumbas" – assinado por 40 bispos em 1965, incluindo o brasileiro Dom Helder Camara.[191]

A América-Latina despertava para um novo tempo da Igreja Católica, inspirada pelo abraçar do Concílio Vaticano II em seu espírito de renovação. Em especial, pelos bispos latino-americanos na Conferência de Medelín de 1968. Nessa conferência, reafirmou-se a "opção preferencial pelos pobres". Esta opção foi acentuada na Teologia da Libertação (TdL), a partir dos seus pioneiros Gustavo Gutiérrez, Ignacio Ellacuría e Jon Sobrino, que também foi um movimento influente naquele momento.[192]

---

187. EG 198. Conferir também: FRANCISCO, PP., Encontro com os representantes dos meios de comunicação social, 2013; VECHI, G.G., "Quero uma Igreja pobre para os pobres", 2013.
188. LUCIANI, R.; PALAZZI, F., A Rooted Vision, p. 18.
189. A SANTA SÉ., Biografia do Santo Padre Francisco, p. 2.
190. ALBERIGO, G.; et al., Historia de los Concílios Ecumênicos, p. 342.
191. LUCIANI, R.; PALAZZI, F., A Rooted Vision, p. 19.
192. LUCIANI, R.; PALAZZI, F., A Rooted Vision, p. 19.

Como grande fruto do Concílio Vaticano II para a Argentina, Juan Carlos Scannone destaca a pastoral popular, voltada para o homem em sua realidade histórico-salvífica, impulsionada pelo "fermento" de Medellín (1968). Deu-se então uma "conversão aos pobres", e os agentes pastorais voltaram-se para a denúncia das situações de injustiça e dependência estruturais assim como em certos contextos um engajamento político. Essa proximidade também possibilitou aos agentes pastorais um aprendizado sobre a piedade desse povo pobre e crente, que sabe dar lugar ao aspecto político e, transcendendo-o, mantém guardada sua religiosidade; mantendo a resistência aguardando o "ainda não" e buscando viver o "já" da salvação, da comunhão e da libertação. Estes aspectos são vitais para a compreensão das atitudes pastorais de Bergoglio/Francisco.[193]

A recepção dos documentos conciliares definitiva na Argentina foi debatida na Assembleia Extraordinária dos Bispos e documentada em 1969. Antes, foi criado pelos bispos em 1966 o Conselho Episcopal de Prática Pastoral (COEPAL), com o objetivo de desenvolver um plano de ação pastoral para o país.[194] Esta comissão era formada por bispos, padres, teólogos, homens e mulheres religiosos e agentes pastorais. Os padres diocesanos Lucio Gera e Rafael Tello – além de outros importantes nomes como Justino O'Farrell e Gerardo Farrell – fizeram parte deste grupo. Foi deste ambiente e atmosfera que nasceu a *Teología del Pueblo* (TdP).

2.1.4. A *Teología del Pueblo* na Argentina

Bergoglio também é filho da *Teología del Pueblo* (TdP), assim propôs o Padre José Di Paola – argentino que acompanhou a prática pastoral de Francisco nas vilas e regiões pobres de Buenos Aires enquanto arcebispo – durante a *Meeting for Friendship among Peoples of Communion and Liberation,* encontro realizado em Rimini, na Itália, em 2013.[195] Esta proposição também foi feita em obra recente por Juan Carlos Scannone, teólogo do Papa Francisco.[196]

Em 1969, foi adotada na Conferência dos bispos argentinos a *Teología del Pueblo,* elaborada por Lucio Gera e Rafael Tello. Como um ramo da Teologia da Libertação latino-americana, a *Teología del Pueblo* possuía características pró-

---

193. SCANNONE, J. C., La Teología del Pueblo, p. 78-80.
194. SCANNONE, J. C., Pope Francis and the Theology of the People, p. 119.
195. SCANNONE, J. C., Pope Francis and the Theology of the People, p. 118-119.
196. SCANNONE, J. C., La Teología del Pueblo, 2017.

prias, com especial acento na cultura e fé popular, dispensando a análise socioestrutural marxista, e apoiando-se na análise histórico-cultural.[197]

Diferente da TdL, a TdP priorizou o ponto de vista da dominação política – não apenas a ênfase na dominação econômica – mas incluindo a questão da dominação econômica neste panorama mais amplo. Para vencer esta dinâmica de dominação instalada em nossas sociedades, busca-se uma libertação integral do pecado em suas dimensões estruturais.[198] Para tal, a TdP revalorizou a religiosidade popular de uma Argentina já evangelizada, colocou o povo como sujeito histórico-cultural, não apenas como alvo de uma libertação, mas agora, como protagonista neste processo.

A *Teología del Pueblo* compreende o povo como "sujeito comunitário de uma história e cultura".[199] Desta forma, a compreensão de povo se aproxima de "nação", não vivida pela via do Estado e território, mas pela cultura e decisão ético-histórica de quem participa em prol do bem comum. O conceito de "antipovo" – aquele que trabalha de forma contrária à libertação total do povo – também é importante para a compreensão da TdP. A Teologia do Povo entende o "popular" como os que constituem este "povo-nação" nas suas esferas mais pobres e trabalhadoras, que preservam também seus valores humanos e cristãos em meio à dominação que sofrem a cada dia.

A sabedoria popular ganhou nova importância nesta teologia. Agora, a sabedoria não era somente entendida como saber vinculado ao situado historicamente, mas aquela sabedoria que vem do alto, que não é medida somente por critérios antropológico-culturais, mas também – e principalmente – sabedoria cristã, vinda dos grandes interrogantes da história, a saber, o povo que sofre. Esta sabedoria popular – um dos temas centrais da Conferência Geral do Episcopado Latino-americano em Puebla, 1979 – foi a chave para uma teologia inculturada.[200]

A TdP se caracteriza pelo fazer teológico a partir dos pobres e vítimas da história. A TdP não nega os abismos sociais e os conflitos que brotam destes, mas privilegia a unidade e rechaça o conflito. Esta posição foi reafirmada diversas vezes por Bergoglio.[201] Scannone expõe nos seguintes termos comparativos a metodologia da TdP:

---

197. Conferir: ARMATO, A., A teologia do povo, 2013.
198. SCANNONE, J. C., Pope Francis and the Theology of the People, p. 121-122.
199. SCANNONE, J. C., La Teología del Pueblo, p. 83.
200. SCANNONE, J. C., La Teología del Pueblo, p. 95-99.
201. SCANNONE, J. C., Pope Francis and the Theology of the People, p. 122.

(1) Uso da análise histórico-cultural, privilegiando-a sobre a análise social estrutural sem descartar esta última; (2) emprego de ciências mais sintéticas e hermenêuticas, como história, cultura e religião (como complementos de ciências mais analíticas e estruturais) como forma de mediação para conhecer a realidade e transformá-la; (3) enraizamento de tais mediações científicas em um conhecimento sapiencial e discernimento em prol da "conaturalidade afetiva que o amor proporciona" (*EG* 125), que, por sua vez, confirma seu caráter científico; e (4) tomar uma distância crítica do método marxista de análise social e suas categorias de entendimento e estratégias práticas.[202]

Mario Jorge Bergoglio, como filho da *Teología del Pueblo* em seu caráter inculturado, está ampliando a TdP em seu fator universalizante, já que ela agora com o Papa Francisco constitui as raízes teológicas principais do conteúdo e da forma do magistério, do governo da Igreja Católica, traduzido na pastoral para todo o mundo. Francisco de forma profunda trabalha os conceitos-chave da *Teología del Pueblo* no seu pontificado: cultura, inculturação e piedade popular.[203]

Antes de entrarmos no papado de Francisco, apontaremos outro importante precedente fundamental para a compreensão do pensamento social e ecológico de Francisco impresso nas páginas da *LS*: O Documento de Aparecida.

2.1.5. O Documento de Aparecida

Francisco acumulou experiências em funções de relevância, deixando a sua contribuição para a Igreja. Mario Jorge Bergoglio foi nomeado bispo auxiliar de Buenos Aires – e titular de Auca – pelo Papa João Paulo II em 1992. Em 28 de fevereiro de 1998, após a morte do Cardeal Antonio Quarracino, Bergoglio foi nomeado arcebispo de Buenos Aires.[204] De acordo com Ivereigh, sua missão enquanto arcebispo de Buenos Aires – principalmente nos seus últimos anos como cardeal arcebispo – foi voltada para a evangelização e fazer crescer a presença da Igreja nas vilas de miséria, na criação de vínculos mais profundos para além da fronteira da política e da religião e também na preservação da dignidade humana, colocou-se contra todas as suas formas de exploração, realizadas pelas máfias que

---

202. SCANNONE, J. C., Pope Francis and the Theology of the People, p. 124.
203. SCANNONE, J. C., La Teología del Pueblo, p. 179-180.
204. ALTEMEYER JR. F., Os muitos partos do bispo de Roma, p. 115.

controlavam o mundo da prostituição, do jogo, do tráfico de pessoas e do trabalho em condições desumanas.[205]

Depois assumiu a função de cardeal-presbítero, recebendo o título de São Roberto Belarmino das mãos do então Papa João Paulo II em 2001; por dois triênios – de 2005 a 2008 e 2008 a 2011 – foi presidente da Conferência Episcopal Argentina; foi presidente da Comissão de Redação do Documento de Aparecida, resultado da V Conferência Geral do Episcopado Latino-Americano e Caribenho (CELAM) realizada em Aparecida, no Brasil, em 2007.

Bergoglio realizou trabalhos em contribuições à Santa Sé, entre outras atividades que igualmente mereceriam destaque. Mas seu trabalho à frente da comissão de Redação do Documento de Aparecida (DAp) possivelmente deixou marcas importantes em seu pensamento. Apresentaremos apenas duas similitudes – dentre tantas – entre a abordagem do DAp e algumas linhas de pensamento socioecológico posteriormente retomadas por Francisco.

O DAp utiliza uma expressão que agrega grande riqueza à questão ecológica trabalhada por Francisco na *LS*: *casa comum*. Por vezes, o DAp utiliza o conceito *casa comum*, ora fazendo referência ao planeta Terra,[206] ora especificamente ao território latino-americano e caribenho.[207] O conceito revela uma visão agregadora do local da morada humana. Estamos habitando o mesmo território, usufruindo dos mesmos recursos essenciais à vida e partilhando a responsabilidade de mantê-los. O local comum nos faz dividir a experiência da vida com aqueles que conosco habitam. Desta forma, a habitação comum nos faz família humana. Esta terra é o local de encontro inter-humano.

Na *LS* Francisco utiliza o termo *casa comum* para apresentar a sua preocupação acerca do cuidado com o planeta, esta habitação que nos é comum, abrindo diálogo em torno do tema que a todos envolve: seres humanos de todas as tribos, povos e raças. Além disso, a recebemos das gerações anteriores e a repassaremos por herança às próximas gerações. Estamos, portanto, ligados às gerações passadas e futuras através desta casa que nos foi confiada por Deus.[208] Essa terra "é nossa casa comum e o lugar da aliança de Deus com os seres humanos e com toda a criação".[209]

---

205. IVEREIGH, A., El gran reformador, p. 438.

206. DAp 125; 472; 474; 520.

207. DAp 525; 537.

208. DAp 126.

209. DAp 125.

O DAp tem um espírito profético e uma sensibilidade ecológica acentuada. Além dessa preciosa expressão, *casa comum*, o DAp antecipa o conceito de ecologia humana:

> A melhor forma de respeitar a natureza é promover uma ecologia humana aberta à transcendência que, respeitando a pessoa e a família, os ambientes e as cidades, segue a indicação paulina de recapitular as coisas em Cristo e de louvar com Ele ao Pai (1Cor 3,21-23).[210]

É verdade que João Paulo II na Carta Encíclica *Centesimus Annus* (1991) já havia tocado no tema da necessária ecologia humana para o cuidado da natureza e com o ambiente humano,[211] mas, em nossa opinião, ainda sem o alcance conceitual apresentado pelo DAp e ampliado na *LS* – que por sua vez inspira-se no documento conciliar *Gaudium et Spes*:

> A ecologia humana é inseparável da noção de bem comum, princípio este que desempenha um papel central e unificador na ética social. É "o conjunto das condições da vida social que permitem, tanto aos grupos como a cada membro, alcançar mais plena e facilmente a própria perfeição".[212]

Outra perspectiva do DAp, que veio a ser retomada por Francisco mais adiante, foi a importância da valorização da cultura dos povos e a defesa da diversidade cultural. O documento bem descreve o processo de homogeneização cultural que está em curso:

> Verifica-se, em nível massivo, uma espécie de nova colonização cultural pela imposição de culturas artificiais, desprezando as culturas locais e com tendências a impor uma cultura homogeneizada em todos os setores. Essa cultura se caracteriza pela autorreferência do indivíduo, que conduz à indiferença pelo outro, de quem não necessita e por quem não se sente responsável. Prefere-se viver o dia a dia, sem programas a longo prazo nem apegos pessoais, familiares e comunitários. As relações humanas estão sendo consideradas objetos de consumo, conduzindo a relações afetivas sem compromisso responsável e definitivo.[213]

---

210. DAp 126.
211. CA 38 e 39.
212. LS 156.
213. DAp 46.

O DAp, por ser um documento mais preocupado com as questões situadas na América Latina e Caribe, faz a defesa das culturas dos povos indígenas e afros que são cada dia mais pressionadas pela globalização econômica e cultural:

> A globalização econômica e cultural coloca em perigo sua própria existência como povos diferentes. Sua progressiva transformação cultural provoca o rápido desaparecimento de algumas línguas e culturas. A migração, forçada pela pobreza, está influindo profundamente na mudança de costumes, de relacionamentos e inclusive de religião.[214]

Francisco classifica a diversidade cultural como vital para o todo. A extinção de uma cultura é um desfalque grave para o conjunto humano. Assim, cada espécie animal ou vegetal tem sua importância para o bom funcionamento de um ecossistema e todas as culturas contribuem para a compreensão da complexa e plural existência humana.[215]

Existem outras expressões e conceitos no DAp que reaparecem no pensamento ecológico de Francisco na *LS*. Mas pretendemos firmar nossa posição mostrando brevemente essa influência com os exemplos supracitados, somados ao que julgamos ser um ponto-chave para o problema da crise ecológica segundo Francisco: a falta de solidariedade do sistema político-econômico liberal capitalista, que no afã da obtenção de lucro tem ignorado a devastação ambiental e humana.

Agenor Brighenti aponta no DAp e na *LS* essa íntima relação entre a degradação da realidade eco-humana e o atual sistema político-econômico global. Brighenti assevera que o documento não faz uma apologia a outro sistema político-econômico – por exemplo, o coletivismo marxista – mas critica a incoerência das duas correntes e a incompatibilidade de ambas com o Evangelho de Jesus Cristo: "pois se o marxismo professa um ateísmo teórico e prático, o sistema capitalista, embora não seja teoricamente ateu, à medida que coloca no centro o "ter" ou o lucro, é também ateu, pois professa um ateísmo prático".[216]

Brighenti lembra que, durante o processo de redação do DAp, aconteceram tentativas de imprimir no texto uma análise mais incisiva do capitalismo liberal, mas nem todos os segmentos participantes estavam de acordo.[217] Comparando o "texto original" com o "texto oficial" – ou seja, o texto provisório aprovado em Aparecida e o texto final revisado e autorizado por Bento XVI – Agenor Brighenti

---

214. DAp 90.

215. LS 145.

216. BRIGHENTI, A., Documento de Aparecida, p. 685.

217. BRIGHENTI, A., Documento de Aparecida, p. 685.

dá provas de uma destas alterações que, ao seu olhar, tornou mais branda – e ao nosso olhar talvez mais matizada – a crítica ao sistema político-econômico vigente:

> Com relação ao econômico, o "texto original" dizia: "Entretanto, segundo a Doutrina Social da Igreja, a Economia Social de Mercado continua sendo uma forma idônea de organizar o trabalho, o conhecimento e o capital, para satisfazer as autênticas necessidades humanas". No "texto oficial" aparece: "Entretanto, segundo a Doutrina Social da Igreja, o objeto da economia é a formação da riqueza e seu incremento progressivo, em termos não só quantitativos, mas qualitativos: tudo é moralmente correto se está orientado para o desenvolvimento global e solidário do homem e da sociedade na qual vive e trabalha. O desenvolvimento, na verdade, não pode se reduzir a um mero processo de acumulação de bens e de serviços. Ao contrário, a pura acumulação, ainda que para o bem comum, não é uma condição suficiente para a realização de uma autêntica felicidade humana" (DAp 69).[218]

O DAp propõe "um modelo de desenvolvimento alternativo", com bases éticas e fundamentado "no evangelho da justiça, da solidariedade e do destino universal dos bens".[219] É possível observar na LS uma postura crítica nesse mesmo sentido. Francisco, de forma contundente, sinaliza a falta de solidariedade do atual sistema político-econômico:

> Entretanto os poderes econômicos continuam a justificar o sistema mundial atual, onde predomina uma especulação e uma busca de receitas financeiras que tendem a ignorar todo o contexto e os efeitos sobre a dignidade humana e sobre o meio ambiente. Assim se manifesta como estão intimamente ligadas a degradação ambiental e a degradação humana e ética.[220]

A força da crítica contida no DAp continua viva na LS. Para Francisco, é preciso rever os nossos modos de vida para eliminarmos "as causas estruturais das disfunções da economia mundial e corrigir os modelos de crescimento que parecem incapazes de garantir o respeito do meio ambiente".[221] Na LS, "o modelo econômico atual é responsabilizado sem rodeios diplomáticos pelo que ocorre no planeta".[222]

---

218. BRIGHENTI, A., Documento de Aparecida, p. 685.
219. DAp 474.
220. LS 56.
221. LS 6. O Papa Francisco cita Bento XVI.
222. PASSOS, J. D., Aspectos metodológicos da Encíclica *Laudato Si'*, p. 92.

Observando por este prisma, a força profética do DAp fica evidente. Dom Joel Portella Amado nos lembra que "documentos como este passam por um processo que pode ser visto em três partes: a preparação, a construção e a apropriação".[223] No caso do DAp, não foi percebido rapidamente o potencial da apropriação deste documento à realidade vivida pela Igreja como um todo, mas, esse reconhecimento vem sendo dado paulatinamente.

Há um potencial alcance universal no DAp, mesmo esse documento sendo fruto de um evento geoculturalmente situado. Primeiro, com a posterior influência no impulso à busca de Bergoglio pela implementação da Cultura do Encontro na Argentina. Agora, com sua possível universalização, o alcance de toda a Igreja Católica, uma consequência que pode ser constatada na "influência transversal de Aparecida na *Evangelii Gaudium*, no pontificado do Papa Francisco".[224]

2.2. Uma leitura do plano de pontificado de Francisco

Começaremos este tópico com a eleição de Bergoglio ao cargo de bispo de Roma, apontando os desafios e as expectativas em torno de sua atuação. Depois, buscaremos compreender a escolha de Bergoglio pelo nome Francisco, destacando o rico significado que essa escolha pode sinalizar para este pontificado. Seguiremos dando destaque a um dos grandes objetivos de seu pontificado: colocar a Igreja em saída. Por fim, faremos uma introdução ao tema da ecologia, muito marcante no pontificado de Francisco e em especial na sua *LS*.

2.2.1. A eleição de Bergoglio ao papado

Antes do conclave de 2013, nem mesmo Bergoglio apostaria em sua escolha. Já com 76 anos, havia renunciado recentemente ao cargo de arcebispo de Buenos Aires – apenas apresentou sua renúncia ao cargo de arcebispo de Buenos Aires ao atingir os 75 anos de idade, mas nunca foi aceita. Depois do conclave de 2005, quando teve chances de ser eleito o sucessor ao posto petrino, aos olhos humanos não parecia mais ser um forte candidato. Os mais cotados, segundo a imprensa especializada, eram Angelo Scola e Odilo Pedro Scherer, arcebispos de Milão e de São Paulo, respectivamente.[225]

---

223. AMADO, J. P., O Documento de Aparecida e sua proposta para toda a Igreja, p. 67.
224. AMADO, J. P., O Documento de Aparecida e sua proposta para toda a Igreja, p. 67.
225. PIQUÉ, E., Papa Francisco, p. 8.

Toda a sua trajetória de vida consagrada a Deus, culminou neste nascimento. O parto se deu quando a fumaça branca anunciou o fim do conclave que elegera o sucessor do Papa Bento XVI, que havia efetivado a sua renúncia ao cargo de bispo de Roma no dia 28 de fevereiro de 2013. Maria Clara L. Bingemer descreveu com boa expectativa o momento da eleição de Francisco, o renovar da *esperança de futuro para a Igreja*:

> O anúncio da alegria (*Gaudium Magnum*) foi feito com voz trêmula pelo cardeal francês. O nome pronunciado – Jorge Mario Bergoglio – intrigou a muitos, surpreendeu a tantos. O silêncio desceu sobre o mundo, enquanto se esperava que o novo papa se apresentasse. E Francisco chegou no balcão do Vaticano. Com voz acolhedora e alegre, saudou: "Boa-noite". E, antes de abençoar, pediu oração e bênção para si próprio. Estava proclamando um novo tempo pascal para a Igreja que voltava a respirar esperança e júbilo.[226]

A expectativa era de que o papa que sucedesse a Bento XVI estivesse pronto para os desafios que o momento delicado da Igreja Católica apresentava: o vazamento de documentos confidenciais do Vaticano no episódio do escândalo que ficou conhecido como *Vatileaks*; o estouro das acusações envolvendo o clero da Igreja em casos de pedofilia; o desafio da reforma da Cúria, ainda por fazer.[227] Piqué, utilizando o próprio discurso de Jorge Mario Bergoglio realizado no dia 7 de março de 2013 durante o conclave, aponta a percepção pessoal do então arcebispo de Buenos Aires em relação ao papel do próximo papa:

> Bergoglio deslumbrou os outros cardeais com o seu pronunciamento, de três minutos e meio, fazendo vibrar o auditório, na congregação geral da quinta-feira, 7 de março. Vários cardeais, entre eles o papável italiano Angelo Scola, foram parabenizá-lo depois de suas palavras breves, porém intensas, mais claras do que água. O arcebispo de Buenos Aires falou da evangelização, razão de ser da Igreja, que deve sair de si mesma e chegar às periferias. Periferias não apenas geográficas, mas também existenciais: as do mistério do pecado, da dor, da injustiça; as da ignorância, da falta de fé, as do pensamento, as de cada forma de miséria. Criticou a Igreja "autorreferencial, doente de narcisismo, que dá lugar a esse mal que é a mundanidade espiritual (segundo o teólogo jesuíta Henri de Lubac, o pior mal que pode acontecer à Igreja), esse viver para glorificar uns aos outros". "Há duas imagens da Igreja: a Igreja evangelizadora, que sai de si própria, a da palavra

---

226. BINGEMER, M. C. L., Esperança de futuro para a Igreja, p. 238.
227. PIQUÉ, E., Papa Francisco, p. 179.

de Deus, que escuta fielmente e proclama; ou a Igreja mundana que vive em si mesma, de si mesma e para si mesma. Isso deve iluminar as possíveis mudanças que têm de ser feitas para a salvação das almas", ele disse, segundo revela mais tarde, com autorização papal, o cardeal cubano Jaime Lucas Ortega y Alamino, arcebispo de Havana.[228]

Curiosamente, as proféticas palavras de Bergoglio naquele dia serviriam como pistas do que estaria por vir após o desfecho daquele conclave. Hoje, alguns anos após a escolha por Bergoglio, já se apresentam em harmonia com o seu discurso e *práxis* anterior algumas características do seu pontificado reformador e dialogal, liderando a saída da Igreja, com sua preocupação com os mais necessitados[229] – os pobres e oprimidos da história – incluindo entre estes sofredores a Mãe Terra que geme e sofre como em dores do parto (Rm 8,22).[230]

Porém, antes de vermos como estes três pontos – repito: a Igreja em saída, a OPP e o tema da ecologia – ganharam destaque no programa de pontificado de Francisco, lembraremos que o pontificado de Francisco iniciou com uma escolha incomum, por um nome não antes utilizado entre os 265 papas que o antecederam.

Alguns teólogos estão convencidos de que esta escolha está para além de uma simples preferência do primeiro e único Papa Francisco da história. Ela apresenta uma nova proposta, que abarca também – e decisivamente – a questão ecológica. Veremos então, primeiro, como a escolha do nome Francisco pode sinalizar uma nova espiritualidade e consciência ecológicas.

2.2.2. Francisco, mais que um nome

A escolha pelo nome Francisco – em referência a São Francisco de Assis –pode parecer contraditória, levando em consideração as opções feitas pelos papas ao longo da história. Alguns papas anteriores ostentavam títulos honoríficos, tiveram em suas mãos todo o poder religioso, e, durante alguns momentos da história, o poder civil também: "possuíram territórios (Estados Pontifícios), exércitos, muitos tesouros e bancos. Uniam em sua pessoa o *Imperium* e o *Sacerdotium*".[231]

---

228. PIQUÉ, E., Papa Francisco, p. 18.

229. FRANCISCO, PP. Discurso do Papa Francisco aos participantes na Assembleia Plenária do Pontifício Conselho para os leigos. N.p.

230. LS 2.

231. BOFF, L., Francisco de Roma y Francisco de Asís, p. 9.

São Francisco de Assis não é uma figura relacionável ao poder e aos palácios, mas à vida em meio aos pobres e pessoas excluídas da sociedade. A escolha peculiar por esse nome feita por Bergoglio foi muito própria para a renovação por ele pretendida. Leonardo Boff entende que, com a escolha do nome, o papa quer deixar uma mensagem:

> De agora em diante uma nova maneira de exercer o papado será experimentada, despojada de títulos e símbolos de poder, e a ênfase será colocada em uma Igreja inspirada pela vida e pelo exemplo de São Francisco de Assis, isto é, a pobreza, simplicidade, humildade, confraternização com todos, incluindo os seres da natureza e sua própria irmã e Mãe Terra.[232]

Sem dúvida, a desejosa reforma que visa reconstruir a "Igreja pobre e para os pobres"[233] passa pela opção do Papa Francisco por uma vida simples, despojada, inspirada no renovador exemplo do frade católico que viveu na Itália entre os séculos XII e XIII.

A análise de Leonardo Boff pode ser confirmada pelo próprio Francisco, logo em sua primeira entrevista à imprensa como papa eleito, quando disse que o nome de São Francisco de Assis veio insistentemente em sua mente, ao se sentir tocado pela palavra do Cardeal Dom Claudio Hummes: "Não te esqueças dos pobres!" Francisco comenta:

> E aquela palavra gravou-se-me na cabeça: os pobres, os pobres. Logo depois, associando com os pobres, pensei em Francisco de Assis. Em seguida pensei nas guerras, enquanto continuava o escrutínio até contar todos os votos. E Francisco é o homem da paz. E assim surgiu o nome no meu coração: Francisco de Assis. Para mim, é o homem da pobreza, o homem da paz, o homem que ama e preserva a criação; neste tempo, também a nossa relação com a criação não é muito boa, pois não? [Francisco] é o homem que nos dá este espírito de paz, o homem pobre... Ah, como eu queria uma Igreja pobre e para os pobres![234]

Francisco já externava a sua preocupação com a questão ecológica, além da opção preferencial pelos pobres e a necessidade da paz, e todas estas ênfases estavam contidas no improvável nome, porém sugestivo, e riquíssimo em significado. Posteriormente, na *LS*, confirmou o potencial norteador e inspirador que a figura

---

232. BOFF, L., Francisco de Roma y Francisco de Asís, p. 9.

233. EG 198.

234. FRANCISCO, PP., Encontro com os representantes dos meios de comunicação social. N.p.

de Francisco de Assis exerce em si: "Tomei o seu nome por guia e inspiração no momento da minha eleição para Bispo de Roma".[235]

Entretanto, o que significa para a Igreja Católica um pontificado ter por inspiração uma figura tão emblemática e esquecida pelos seus antecessores? Luiz Carlos Susin enumera pelo menos três "pontos franciscanos" retirados da homilia de inauguração do pontificado de Francisco. São eles: "a) uma Igreja que seja testemunha de uma vida simples e que tenha cuidado pelos mais frágeis; b) o cuidado pela paz; c) o cuidado pela natureza".[236] A *LS* contém este triplo chamado à Igreja. Os três "pontos franciscanos" sugeridos por Susin podem ser encontrados nos parágrafos 11, 12 e 13 da *LS*, dedicados a invocar o modelo inspirador de São Francisco de Assis. O Papa Francisco sublinha: "Acho que Francisco é o exemplo por excelência do cuidado pelo que é frágil e por uma ecologia integral, vivida com alegria e autenticidade".[237]

Poderíamos dedicar alguns parágrafos deste trabalho exclusivamente à exposição de quem foi São Francisco de Assis,[238] mas tal percurso não se faz necessário, pois importa saber quem foi Francisco de Assis para Mario Jorge Bergoglio/Francisco. O próprio Papa Francisco enumerou alguns pontos de inspiração na vida de seu – agora – homônimo. Especialmente na carta magna da ecologia integral, um dos objetos de nossa pesquisa, esta influência é bastante destacada. Até mesmo o título da Carta Encíclica "Louvado Seja" – tradução do latim *Laudato Si'* – veio da inspiração no cântico de Francisco de Assis: "Louvado sejas, meu Senhor, pela nossa irmã, e mãe terra".[239]

Victor Fernández – teólogo, arcebispo de Tiburnia na Argentina e amigo do Papa Francisco – reconhece no pontificado de Bergoglio a inspiração na figura de São Francisco de Assis:

> Ele é o santo da comunhão com todas as criaturas do universo, mas também é o santo da pobreza, da fraternidade, do amor aos excluídos, da completa união com Jesus Cristo, como abraçar a dor como uma forma de presente ao Senhor. Tudo isso faz parte da beleza que é a pessoa de

---

235. LS 10.

236. SUSIN, L. C., Francisco: nome que é um programa, p. 121.

237. LS 10.

238. SUSIN, L. C., Francisco: nome que é um programa, p. 120-133. Também em: BOFF, L. Francisco de Roma y Francisco de Asís, 2013.

239. LS 1.

Francisco. O que este papa está fazendo é restaurar todos esses aspectos, sem excluir nenhum deles.[240]

A proposta de resgate da espiritualidade ecológica de Francisco de Assis pode ser uma inspiração para a construção de uma nova relação com a Criação divina. Enxergar a dignidade ontológica da criação é essencial para a práxis libertadora, embebida por uma nova consciência ecológica que não reduza a natureza à servidão dos caprichos humanos.

O exemplo de São Francisco de Assis é um chamado ao encontro, gerador de unidade e laços de amor com a Criação de Deus. Pois, "uma ecologia integral requer abertura para categorias que transcendem a linguagem das ciências exatas ou da biologia e nos põem em contato com a essência do ser humano".[241] É de fato um chamado à *Conversão Ecológica*.

A *EG* também evoca o testemunho de São Francisco de Assis[242] e Santa Teresa de Calcutá, para destacar uma fé não individualista, autêntica, inspiradora. Esta fé "comporta sempre um profundo desejo de mudar o mundo, transmitir valores, deixar a terra um pouco melhor depois da nossa passagem nela".[243] A *EG* interpela-nos à solidariedade intergeracional, preocupação também expressa na *LS*.[244] Sob a iluminação dos exemplos de autêntica fé e relação humano-ecológica supracitados, a *EG* menciona a inquietação com a situação da terra, tema que a todos toca e central na *LS*: "Amamos este magnífico planeta, onde Deus nos colocou, e amamos a humanidade que o habita, com todos os seus dramas e cansaços, com os seus anseios e esperanças, com os seus valores e fragilidades. A terra é a nossa casa comum, e todos somos irmãos".[245]

Esse espírito fraterno marca as relações de Francisco com os outros. Seguiremos com um dos grandes objetivos de Francisco enquanto ocupa o cargo de maior responsabilidade da Igreja Católica: realizar a saída da Igreja em direção às periferias existenciais.

---

240. FERNÁNDEZ, V.; RODARI, P., The Francis Project, p. 216.

241. LS 11.

242. EG 183; 216.

243. EG 183.

244. A *Laudato Si'* está mergulhada na preocupação em torno da herança ecológica e humana que deixaremos às próximas gerações, em especial o IV capítulo, no ponto 5 intitulado "A Justiça Intergeracional" (LS 159-162).

245. EG 183.

2.2.3. Para uma Igreja em saída

A *EG* é um documento importante para a compreensão do pontificado de Francisco para visualizarmos o que deseja realizar, como pretende alcançar e para qual finalidade. Sabemos que os objetivos de Francisco na condução da Igreja de Cristo são diversos. Conscientes dos limites da nossa demonstração, delimitada pelos nossos objetivos com a pesquisa, apresentaremos brevemente, a partir da *EG*, o desejo de Francisco de colocar a Igreja em saída.

Após o Sínodo dos bispos (2012), realizado durante o pontificado de Bento XVI, esperava-se, naturalmente, um documento Pós-Sinodal, que versasse sobre as resoluções do Sínodo em seu tema: "A Nova Evangelização para a transmissão da fé Cristã". A *Evangelii Gaudium* publicada no dia 24 de novembro de 2013 foi a primeira Exortação Apostólica assinada por Francisco. Trata-se de uma Exortação Pós-Sinodal que pretende ser muito mais, tanto que intencionalmente não carrega o "Pós-Sinodal" em seu título. Este documento é norteador para a compreensão do plano de pontificado de Francisco, pois nele está exposto o conteúdo programático do seu pontificado.[246]

A *EG* tem como principal assunto a missão da Igreja e a nova evangelização para nossos dias. Além da inspiração no Sínodo dos Bispos de 2012, Francisco utilizou como fonte sua própria experiência pastoral. Recolhendo reflexões já antes realizadas em sua caminhada, serviu-se da contribuição de santos da Igreja Católica, tais como: Agostinho, Tomás de Aquino, Francisco de Assis, entre outros. Recorreu também a diversos teólogos e mestres que "se apresentam como balizas teológicas, pastorais e espirituais da vida pessoal do Papa Francisco",[247] como: Romano Guardini, Víctor Emanuel Fernández, Henri de Lubac, entre outros. Deu destaque a documentos do Magistério da Igreja – ao debruçar-se na eclesiologia da *Lumen Gentium*, além de outros diversos textos do Magistério Conciliar e na *Evangelii Nutiandi*, de Paulo VI.

A grande novidade se deu na citação de fontes como as "Conferências Episcopais e as Exortações Apostólicas Pós-Sinodais redigidas por João Paulo II por ocasião dos sínodos continentais em preparação do Jubileu de 2000", destaca o teólogo Abimar Oliveira de Moraes.[248]

O Papa Francisco aponta os temas principais que pretende abordar na *EG*: a reforma da Igreja em saída missionária; as tentações dos agentes pastorais; a

---

246. EG 25. Conferir: FERNÁNDEZ, V.; RODARI, P., The Francis Project, p. 108.
247. MORAES, A. O., O anúncio do Evangelho na atualidade, p. 39.
248. MORAES, A. O., O anúncio do Evangelho na atualidade, p. 38-42. O Papa Francisco cita diretamente o Documento de Aparecida na EG: EG 124.

Igreja vista como a totalidade do povo de Deus que evangeliza; a homilia e sua preparação; a inclusão social dos pobres; a paz e o diálogo social; e as motivações espirituais para o compromisso missionário.[249]

A saída missionária da Igreja encabeça a lista de prioridades deste programa. Esta é uma necessidade, uma urgência para revitalizar a Igreja, assim destaca o cardeal arcebispo do Rio de Janeiro, Don Orani João Tempesta:

> Na linha da Conferência de Aparecida, da qual o então Cardeal Bergoglio foi presidente da comissão de redação, a Igreja necessita ser cada vez mais uma *Igreja do ir*, do ir ao encontro das pessoas, nas mais diversas situações, nas mais distantes periferias; ir ao encontro das culturas, em sua diversidade e, de algum modo, ir ao encontro de si mesma, no sentido de purificar-se do que venham a ser marcas históricas não condizentes com o que o Senhor Jesus quis para sua Igreja.[250]

É neste empreendimento que Francisco pretende liderar a Igreja Católica: em uma saída rumo ao encontro das pessoas – especialmente das mais necessitadas –, rumo aos locais abandonados e periféricos da sociedade, ao encontro da realidade do mundo desigual, para, então, transformá-las pelo poder do Evangelho e para ser purificada pelos raios do mistério divino relevados para além de sua circunscrição.

O teólogo Waldecir Gonzaga compartilha desta mesma sensação, a de ser impulsionado por Francisco neste movimento de encontro:

> Quando lemos a Exortação Apostólica *Evangelii Gaudium*, temos a sensação de que o Papa Francisco põe a Igreja num movimento de saída, apontando para os desafios presentes e futuros, e deixando um pouco de lado a trivialidade de alguns acontecimentos que, embora preocupantes na Igreja, não são os mais relevantes na sua nobre missão evangelizadora. Esse movimento de saída supõe conversão, abertura, encontro e diálogo com as diferenças que se encontram nas fronteiras e periferias da vida.[251]

Para a realização deste movimento, se faz necessária uma conversão interior e abertura aos outros e às suas necessidades, incluindo a salvaguarda da criação de Deus, uma *conversão ecológica* que nos conduza a uma nova relação com tudo o que Deus nos confiou. Também se faz importante reconhecer a necessidade de sair de si mesmo, de fugir da autorreferencialidade. A Igreja de

---

249. EG 17.
250. TEMPESTA, O. J., Algumas interpelações da *Evangelii Gaudium*, p. 15.
251. GONZAGA, W., Os pobres como "critério-chave de autenticidade" eclesial (EG 195), p. 77.

Cristo deve ser sinal da esperança redentora que vai ao encontro, que se move em direção ao ser humano e à natureza, adiantando-se, antecipando-se ao pedido de socorro, "primeireando" o encontro.[252]

Ainda sobre a busca por colocar-se em saída, o pontificado de Francisco vem demonstrando grande sensibilidade em relação à questão ecológica, abordando o tema de maneira muito profunda no ceio da Igreja e externamente – tratando a questão como verdadeiro lugar de encontro. Agora, colocaremos tal questão em relevo como introdução à temática que a LS trará como desafio ao diálogo inter-religioso – contribuição que será trabalhada no próximo capítulo.

2.2.4. A questão ecológica no contexto da *Evangelii Gaudium*

Francisco tem dado muita atenção à questão ecológica. Na *EG* o papa argentino disponibiliza em poucas linhas uma rica introdução ao tema que viria a ser amplamente trabalhado na *LS* e no seu pontificado. Na *EG* a relevância não se dá em termos quantitativos, mas qualitativos:

> Há outros seres frágeis e indefesos, que muitas vezes ficam à mercê dos interesses econômicos ou de um uso indiscriminado. Refiro-me ao conjunto da criação. Nós, os seres humanos, não somos meramente beneficiários, mas guardiões das outras criaturas. Pela nossa realidade corpórea, Deus uniu-nos tão estreitamente ao mundo que nos rodeia, que a desertificação do solo é como uma doença para cada um, e podemos lamentar a extinção de uma espécie como se fosse uma mutilação. Não deixemos que, à nossa passagem, fiquem sinais de destruição e de morte que afetem a nossa vida e a das gerações futuras. Neste sentido, faço meu o expressivo e profético lamento que, já há vários anos, formularam os bispos das Filipinas: "Uma incrível variedade de insetos vivia no bosque; e estavam ocupados com todo o tipo de tarefas. [...] Os pássaros voavam pelo ar, as suas penas brilhantes e os seus variados gorjeios acrescentavam cor e melodia ao verde dos bosques. [...] Deus quis que esta terra fosse para nós, suas criaturas especiais, mas não para a podermos destruir ou transformar num baldio. [...] Depois de uma única noite de chuva, observa os rios de castanho-chocolate da tua localidade e lembra-te que estão a arrastar o sangue vivo da terra para o mar. [...] Como poderão os peixes nadar em esgotos como o Rio Pasig e muitos outros rios que poluímos? Quem transformou o maravilhoso mundo marinho em cemitérios subaquáticos despojados de vida e de cor?".[253]

---

252. EG 24.
253. EG 215.

A riqueza contida no parágrafo reproduzido acima é um prenúncio da profundidade com que Francisco viria a tratar o tema posteriormente. Como introdução ao tema central da *LS*, a *EG* inclui a questão da crise ecológica coerentemente dentro da sessão que aborda a inclusão social dos pobres, relacionando a nossa responsabilidade enquanto humanos com o cuidado para com os mais pobres e fragilizados da história – seres humanos e a natureza –, que são submetidos a sofrimentos e padecem necessidades.

Na *EG* Francisco lamenta a nossa falha em não cumprirmos com a responsabilidade de guardar o conjunto da criação divina. Os impulsos predatórios da mentalidade consumista – na qual estamos mergulhados – têm nos ludibriado, embaçando a nossa visão da realidade.

Para Francisco o sofrimento ao qual a terra está sendo submetida a coloca dentro da categoria dos mais frágeis, assim como os seres humanos oprimidos e empobrecidos pelo nosso sistema socioeconômico nada solidário e pelos nossos modos de viver. Como estamos unidos à criação que nos rodeia e envolve, o sofrimento da terra é também – e inevitavelmente – o nosso sofrimento.[254]

Outro ponto importante para a questão ecológica na *EG* está em colocar a salvaguarda da criação de Deus como objetivo comum de todos, inclusive não crentes, estabelecendo assim um tema social como lugar de diálogo e trabalho conjunto. Francisco chama de aliados todos aqueles que não se identificam com uma religião específica, mas "buscam sinceramente a verdade, a bondade e a beleza", pois estamos aliançados "no compromisso pela defesa da dignidade humana, na construção de uma convivência pacífica entre os povos e na guarda da criação."[255]

Como um pastor que se esforça em corrigir os caminhos errantes de suas ovelhas, o papa propõe aos cristãos o despertar para a urgência do retorno à harmonia da relação original projetada por Deus.

Esta leitura introdutória do plano de pontificado de Francisco nos oferece um panorama com alguns objetivos deste papado. Seguiremos, pois, com as ênfases teológico-pastorais que formam a base de atuação do papa. Estamos convencidos de que a atuação de Francisco em prol do diálogo inter-religioso não está desgarrada de sua atuação pastoral.

---

254. Leonardo Boff é uma referência para a ecoteologia. Em algumas de suas obras o autor relaciona os sofrimentos da terra com o sofrimento dos pobres. Ver: BOFF, L., Dignitas terrae, 1995.

255. EG 257.

2.3. Algumas ênfases teológico-pastorais do Papa Francisco

Sinalizaremos agora três tópicos que poderão nos ajudar a compreender as ações pastorais do papa. São eles: os quatro princípios norteadores das ações pastorais do papa; a opção preferencial pelos pobres; a promoção da Cultura do Encontro. Propomos que, na pastoral de Francisco, esses três temas não estão desconectados, mas entrelaçados entre si. O diálogo tem um papel importante neste processo, como atitude-chave de aproximação entre a Igreja em saída e os outros, incluindo aqui os outros religiosos, os que creem, mas não professam ser adeptos de uma religião específica e os que não creem.

2.3.1. Os quatro princípios norteadores das ações pastorais do Papa Francisco

O Papa Francisco esteve à frente da Igreja Católica na Argentina desde os anos 90 do último século, e suas ações possuíam quatro coordenadas que ganharam ainda mais força com o passar dos anos: 'o tempo é superior ao espaço'; 'a unidade é superior ao conflito'; 'a realidade é superior à ideia'; 'o todo é superior à parte'.[256] Estes quatro princípios são norteadores para o papa, tanto que os confirmou na Exortação Apostólica *Evangelii Gaudium*[257] e na carta encíclica endereçada a toda a humanidade, a *LS*.[258]

Talvez a melhor explicação desses quatro princípios esteja no documento que exploraremos agora: *Nosotros como ciudadanos, Nosotros como pueblo. Hacia um Bicentenario en Justicia y Solidaridad, 2010-2016*.[259] Este documento foi o fruto da participação de Bergoglio na Conferência da XIII Jornada Arquidiocesana de Pastoral Social, realizada no dia 16 de agosto de 2010.

Este texto foi extremamente relevante, entrando para a Conferência Episcopal Argentina, que sugeriu a comemoração do bicentenário da nação em um arco de 6 anos, de 2010 até 2016, englobando os dois eventos fundantes: a revolução de 1810 e a independência de 1816.[260] O teólogo e cientista político Francesco Strazzari afirma que esse texto reflete "a maturidade do pensamento teológico-pastoral e filosófico-político sobre a sociedade entendida como um "nós", na qual os cida-

---

256. PIQUÉ, E., Papa Francisco., p. 120.

257. EG 221-237.

258. LS 141; 178; 198; 201.

259. BERGOGLIO, J., Nosotros como ciudadanos, Nosotros como Pueblo, N.p.

260. TERRAZAS, S. M., "A unidade prevalece sobre o conflito", p. 38

dãos cumprem responsavelmente a sua vocação política a partir de sua presença histórico-cultural na comunidade argentina".[261]

Analisando a estrutura do texto, notamos que Bergoglio começa com uma análise sóbria do momento histórico argentino, relembrando as recentes feridas e a herança de instabilidade crônica, com conflitos militares, a depressão e crise econômica. Dessa análise situacional, Bergoglio mostra que está diante do povo argentino uma grande oportunidade de recomeço, pois os grandes desafios que estavam diante dela possibilitariam uma nova ação conjunta.

Para vencer esses desafios, de acordo com Terrazas, Bergoglio propõe

> trabalhar pelo bem comum dentro do sistema democrático, buscando os pontos de união e os lugares que permitem a convivência fraterna [...] No fundo, permanece o ideal de uma "cultura do encontro", que se baseia em uma visão do ser humano que quer superar o individualismo insocial e amoral para recuperar a dimensão de relação e fazer de modo que os homens se tornem cidadãos no seio de um povo.[262]

No discurso, Bergoglio propôs os quatro princípios que devem iluminar "nosso ser como cidadão e como povo", dentro de três tensões bipolares. São elas: em primeiro lugar, a tensão entre plenitude e limite, que compreendem os princípios "o tempo é superior ao espaço" e "a unidade é superior ao conflito"; a segunda tensão bipolar seria entre ideia e realidade, que compreende o princípio "a realidade é superior à ideia"; em terceiro, a tensão entre globalização e localização, que compreende o princípio "o todo é superior à parte".[263]

Resolver essas três tensões de forma madura – plenitude e limite, ideia e realidade e global e local – segundo Bergoglio, ajudaria a resolver o desafio de ser cidadão, a pertença lógica a uma sociedade e a dependência histórico/mítica a um povo.

Bergoglio trabalha o que interpreta como a tensão entre plenitude e limite: a plenitude é a vontade de possuir tudo e o limite é a parede que se coloca diante de nós. Então, compara a plenitude com a necessária utopia que o ser humano deve carregar, uma utopia para o bem comum, mirando o que está mais para lá. Esta utopia não deve ser uma fuga, mas em um sentido positivo, uma causa final que traga esperança. O limite deve caminhar em harmonia com essa plenitude, é a conjuntura ou a crise como uma tarefa diária, cotidiana. Não se deve negar nem uma e nem a outra, "viver essa tensão contínua entre a plenitude e o limite ajuda

---

261. TERRAZAS, S. M., "A unidade prevalece sobre o conflito", p. 38.
262. TERRAZAS, S. M., "A unidade prevalece sobre o conflito", p. 38.
263. BERGOGLIO, J., Nosotros como ciudadanos, Nosotros como Pueblo, N.p.

o caminhar dos cidadãos".²⁶⁴ Ficar estagnado no aspecto limitador, na conjuntura como único horizonte sociopolítico, faz perder o que está para além do momento.

Para solucionar essa tensão – entre plenitude e limite – Bergoglio oferece dois dos quatro princípios antes mencionados: "o tempo é superior ao espaço" e "a unidade é superior ao conflito", já que sem resolver esta tensão o cidadão não pode avançar, crescer. Primeiro, o tempo inicia processos e o espaço os cristaliza. Bergoglio condena um dos "pecados" que ocorrem nas atividades sociopolíticas, o de privilegiar os espaços de poder sobre os tempos dos processos. O tempo é superior ao espaço, porque o tempo rege os espaços. Seja na atividade da cidadania, na política, ou na atividade social, o tempo transforma os espaços em elos de corrente, em um processo. Bergoglio acreditava que para os argentinos fosse o tempo de iniciar processos, mais do que possuir os espaços. Essa ideia permaneceria aberta no contexto da *EG*.

Ainda sobre a resolução desta primeira tensão, pensemos na máxima "a unidade é superior ao conflito". Bergoglio utiliza-se do exemplo bíblico que a parábola do bom samaritano aponta (Lc 10,25-37). Existem várias maneiras de assumir o conflito. Uma é o de olhar o conflito e dar meia-volta, assim como os dois personagens que passam e não socorrem o homem ferido, evitando o envolvimento. Essa não é a maneira que um cidadão deve agir. Assim agem aqueles que apenas habitam, mas não se envolvem, não são cidadãos. Outra atitude é a de se enfiar no conflito e se encontrar preso nele, sem conseguir espaço para a unidade. E tem uma outra maneira, a terceira via: "meter-se no conflito, resolvê-lo e transformá-lo em um elo de uma corrente, em um processo".²⁶⁵

A segunda tensão está entre ideia e a realidade. Bergoglio distingue-as: "a realidade é. A ideia se elabora, se induz. É instrumental em função da compreensão, captação e condução da realidade".²⁶⁶ Bergoglio propõe o justo equilíbrio, o diálogo entre as duas, entre a realidade e a explicação que fazemos da realidade. Quando a ideia é a que manda, que constrói um discurso sobre a realidade, se dão o idealismo e o nominalismo. Aqui estão alguns problemas sociopolíticos, quando se vive o reino do sofisma, da palavra que se ocupa apenas com o estético, a retórica em torno de ideias que não representam a realidade mais profunda, aquela que toca os cidadãos todos os dias. Bergoglio lembra do princípio apropriado para resolver esta tensão: "entre ideia e realidade: quem está em primeiro? A realida-

---

264. BERGOGLIO, J., Nosotros como ciudadanos, Nosotros como Pueblo, N.p.
265. BERGOGLIO, J., Nosotros como ciudadanos, Nosotros como Pueblo, N.p.
266. BERGOGLIO, J., Nosotros como ciudadanos, Nosotros como Pueblo, N.p.

de".²⁶⁷ Com este princípio, o cidadão vai tomando consciência de si mesmo, de sua real situação e tarefa.

A terceira tensão está colocada entre o global e o local. Todo cidadão está submetido a esta tensão:

> Temos que olhar para o global, porque sempre nos resgata da mesquinhez cotidiana, da mesquinharia caseira. Quando a casa já não é mais lugar, mas um confinamento, masmorra, o global vai nos resgatando porque está na mesma linha da causa final que nos atraiu à plenitude. Ao mesmo tempo, é necessário assumir o local, porque o local tem algo que o global não tem, que é ser fermento, enriquecer, implementar mecanismos de subsidiariedade. Para ser cidadão, você não precisa viver num universalismo globalizante ou num localismo folclórico ou anárquico. Nenhuma das duas coisas. Nem a esfera global que anula, nem a parcialidade isolada que castra. Nenhum dos dois. Na esfera global que anula, todos são iguais, cada ponto é equidistante do centro da esfera. Não há diferença entre cada ponto da esfera. Essa globalização não queremos, anula. Essa globalização não deixa crescer. Qual é o modelo? Reclusos no local e fechados do global? Não, porque você está indo para o outro ponto da tensão bipolar.²⁶⁸

Aqui, Bergoglio utiliza uma analogia muito interessante com o modelo que representa a harmonia dessa relação, o poliedro: "O poliedro é a união de todas as parcialidades que na unidade conservam a originalidade de sua parcialidade. É, por exemplo, a união dos povos que, na ordem universal, conservam sua peculiaridade como povo".²⁶⁹

Nesta figura do poliedro pode ser aplicada a imagem do cidadão que conserva suas ideias particulares, seus ideais como pessoa, mas ao mesmo tempo se encontra unido a outros em uma comunidade, não se ilhando, mas também não se anulando na uniformidade, como os pontos equidistantes em uma esfera; conecta-se com os outros, como uma das diversas faces ou partes do poliedro. O poliedro também representa a união das pessoas de uma sociedade, que, embora sejam diversos, buscam o bem comum. Está colocado o quarto princípio: o todo é superior à parte.

O discurso que nos serviu como base aqui foi feito em vista da reconstrução da nação argentina, colocando o povo como sujeito – traço da *Teología del*

---

267. BERGOGLIO, J., Nosotros como ciudadanos, Nosotros como Pueblo, N.p.
268. BERGOGLIO, J., Nosotros como ciudadanos, Nosotros como Pueblo, N.p.
269. BERGOGLIO, J., Nosotros como ciudadanos, Nosotros como Pueblo, N.p.

Pueblo – para a realização de um projeto de desenvolvimento integral para todos, com o foco preferencial na luta contra a desigualdade e a pobreza. Isso nos remete a outra ênfase teológico-pastoral tão marcante na trajetória de Bergoglio/Francisco: a opção preferencial pelos pobres (OPP).

2.3.2. A opção preferencial pelos pobres

Antes de mais nada, cabe o esclarecimento de que a OPP não é uma opção política, cultural ou filosófica, mas uma categoria teológica, justificada biblicamente.[270] Esta é uma mensagem tão clara nas Sagradas Escrituras, especialmente nas exortações bíblicas, "que convidam, com tanta determinação, ao amor fraterno, ao serviço humilde e generoso, à justiça, à misericórdia para com o pobre".[271] Francisco lembra que Deus se fez pobre (2Cor 8,9), anunciador das Boas-novas aos pobres (Lc 4,18) e que, no seu coração, os pobres ocupam lugar preferencial.[272]

Essa opção não é uma escolha arbitrária, que em oposição ao desequilíbrio socioeconômico apresentado historicamente, negligencia os privilegiados, para contrabalancear a realidade. Muito menos se limita a ação social, a programas de promoção de assistência em favor dos que nada – ou pouco – têm, apesar da ação social concreta ter o seu lugar na OPP. Antes, a OPP é a "atenção prestada ao outro"[273], é dar importância, preocupação sincera.

O Teólogo Waldecir Gonzaga testifica a importância da OPP, colocada na *EG* como "'critério-chave de autenticidade' para saber se estamos ou não agindo em 'fidelidade ao Evangelho, para não correr em vão' (*EG* 193-196)".[274] A OPP é critério basilar para aferirmos a realidade da nossa fé. Não é, portanto, uma opção entre as tantas outras, que o cristão pode fazer de acordo com a sua disposição e aptidão, sendo para alguns um chamado e não para outros. Essa opção é o primado da caridade, um imperativo: "a conversão espiritual, a intensidade do amor a Deus e ao próximo, o zelo pela justiça e pela paz, o sentido evangélico dos pobres e da pobreza são exigidos a todos".[275]

Na *EG*, Francisco renova a proposta da OPP,[276] tão presente em toda a sua trajetória de vida consagrada, reforçada pela sua trajetória na Companhia de Je-

---

270. EG 198.
271. EG 194.
272. EG 197.
273. EG 199.
274. GONZAGA, W., Os pobres como "critério-chave de autenticidade" eclesial (EG 195), p. 77.
275. EG 201.
276. EG 201.

sus, pela recepção dos documentos conciliares na América Latina, pela Conferência em Aparecida, como já exploramos neste trabalho. Destacamos a consonância que Francisco estabelece entre a OPP e uma das ênfases da *Teología del Pueblo*, quando sublinha o potencial do testemunho cristão dos pobres, dos quais temos que aprender, não somente ouvindo seus clamores por socorro, mas escutando a "misteriosa sabedoria que Deus nos quer comunicar através deles".[277] Está aí o caráter dialógico da OPP em Francisco.

A *práxis* pastoral de Francisco está repleta de exemplos da manifestação dessa OPP. Desde sua constante presença nas vilas de miséria de Buenos Aires, enquanto bispo, até suas visitas papais, como por exemplo na ocasião da Jornada Mundial da Juventude (JMJ) de 2013 no Brasil:

> Este carinho para com os pobres o Papa Francisco demonstrou vivencial e concretamente...[...] e alargou seu programa fazendo questão de visitar várias realidades mais pobres de nosso Rio de Janeiro, bem como deu testemunho de simplicidade, desapego, humildade e pobreza entre todos.[278]

A fé encarnada de Francisco o conduz à missão de promover uma Cultura do Encontro.

2.3.3. A Cultura do Encontro

Um dado inicial extremamente importante para nossa proposta – de sublinhar a Cultura do Encontro como uma das grandes ênfases teológico-pastorais de Francisco – é que a Cultura do Encontro é uma "expressão original do vocabulário e da visão eclesial do Papa Francisco".[279] O conceito foi sendo lapidado durante a sua caminhada pastoral. Francisco repetiu durante o seu pontificado o desejo de construir uma Cultura do Encontro, desejo este já antes externado enquanto fora arcebispo de Buenos Aires. Este desejo não diz respeito apenas ao âmbito intraeclesial, mas também fora dele, à sociedade.

Afinal de contas, o que seria uma *Cultura del Encuentro*? O que Francisco pretende com a construção de tal cultura? Neste ponto nos encarregaremos de responder esses primeiros questionamentos. Ao longo dos últimos parágrafos deste capítulo lançaremos luz sobre este aspecto tão vital para compreender a atitude dialogal de Francisco frente aos adeptos das outras religiões.

---

277. EG 198.
278. GONZAGA, W., Os pobres como "critério-chave de autenticidade" eclesial (EG 195), p. 75.
279. MELLO, A. A., El Papa Francisco y la cultura del encuentro. Revista Medellín, vol. XLIII, N°. 169, Septiembre – Diciembre, 2017, p. 721-750.

2.3.3.1. O Papa Francisco e a construção da Cultura do Encontro

O contexto de surgimento do conceito *Cultura del Encuentro* segundo Francisco – ainda embrionária – se deu em um momento complicado para a Argentina, que, depois de muitos desencontros e crises políticas e econômicas, buscava se reconstruir, se reerguer, se reencontrar.

Na ocasião, Bergoglio estava à frente da Igreja Católica da Argentina e a fachada da catedral de Buenos Aires estava sendo reformada. Optaram por esculpir no frontispício da catedral a cena do reencontro de José do Egito com os seus irmãos (Gn 45). Segundo relato do próprio Papa Francisco, feito a Alexandre Awi Mello – atual secretário do Dicastério para os Leigos, a Família e a Vida – aquela imagem da Graça de Deus o tocou profundamente e, somados ao sentimento que as brigas e desencontros que ele presenciou na infância os causavam ainda menino, criou-se em seu coração o anseio que as pessoas não brigassem entre si, que seguissem unidas, ou que, quando se desentendessem, logo voltassem a amizade.[280] Completa Alexandre Awi Mello: "Bergoglio vê nesse anseio que ele tinha dentro de si um germe do que ele subsequentemente formulou conceitualmente como uma cultura do encontro".[281]

O registro mais antigo do conceito está em um discurso de Bergoglio, o *Te Deum* de 25 de maio de 1999, onde o *encuentro* aparece como um antídoto contra a nostalgia e o pessimismo que poderia estar atrapalhando o povo argentino de seguir.[282] O discurso do Arcebispo Bergoglio teve como base o texto bíblico de Lc 24,13-35, quando os discípulos, sem perceberem, estavam sendo acompanhados pelo mestre no caminho de Emaús. No discurso, Bergoglio faz uma analogia da passagem bíblica com a atitude necessária ao povo argentino: seria necessário "deixar a nostalgia e o pessimismo e, como os discípulos em Emaús, dar lugar a nossa sede de encontro".[283] Continua Bergoglio, traduzindo o ensinamento do texto para o momento do povo argentino:

> O Evangelho define o rumo para nós: sentar-se à mesa e deixar-nos ser convocados pelo gesto profundo de Cristo. O pão abençoado deve ser compartilhado. O mesmo, é o fruto do sacrifício e do trabalho, que é a imagem da vida eterna, mas isso deve ser realizado já.

---

280. MELLO, A. A., El Papa Francisco y la cultura del encuentro, p. 724.
281. MELLO, A. A., El Papa Francisco y la cultura del encuentro, p. 725.
282. MELLO, A. A., El Papa Francisco y la cultura del encuentro, p. 725.
283. BERGOGLIO, J. M., Dejar la nostalgia y el pesimismo y dar lugar a nuestra sed de Encuentro, N.p.

No mesmo ano, no dia 1º de setembro, discursando para empresários sobre a Educação, a expressão *Cultura do Encontro* é registrada pela primeira vez no período que Francisco está à frente da Igreja na Argentina:

> Permito-me abrir uma proposta: precisamos gerar uma cultura do encontro. Diante da cultura do fragmento, como alguns querem chamá-la, ou da não integração, somos ainda mais exigidos em tempos difíceis, não favorecendo aqueles que buscam capitalizar o ressentimento, o esquecimento de nossa história compartilhada, ou se deleitam em enfraquecer os vínculos.[284]

Desta forma, Bergoglio insistiu "em superar as divergências que acontecem na sociedade".[285] Bergoglio faz um apelo à união das forças da sociedade, contra o individualismo que distancia as instâncias e instituições, impedindo o surgimento de uma ação conjunta e eficaz.

Bergoglio usou a expressão duas vezes mais em discursos oficiais no ano de 1999: uma na peregrinação juvenil a Luján e a outra em uma homilia nas vésperas de Natal, respectivamente, "vinculando a cultura do encontro com Maria e com José".[286]

Até aqui podemos perceber pelo menos dois traços da Cultura do Encontro: o primeiro é que o conceito está mais para uma categoria teológico-pastoral do que filosófica. Mesmo sendo aplicado na pastoral social, a inspiração é bíblico-teológica. Bergoglio extrai das Sagradas Escrituras exemplos que compõem essa cultura e os aplica na realidade social; o segundo é que a Cultura do Encontro é um conceito antigo na vida de Francisco, que pelo menos por três décadas vem sendo progressivamente lapidado por ele, à medida que vive e propõe esta realidade.

A Cultura do Encontro é um apelo à construção de relações fraternas, irmanadas, de uma visão integrada e interdependente que não exclua ninguém e seja voltada para o bem de todos, o bem comum. É importante observar que Bergoglio não faz apenas uma proposta à Igreja da Argentina ou ao povo, mas ele é a própria experiência encarnada da cultura à qual pretende implementar. Bergoglio

---

284. BERGOGLIO, J. M., Disertación de Mons. Jorge Mario Bergoglio en la sede de la Asociación Cristiana de empresários, 2009.

285. MELLO, A. A., El Papa Francisco y la cultura del encuentro, p. 726.

286. MELLO, A. A., El Papa Francisco y la cultura del encuentro, p. 726. Na primeira: "Não tenhamos medo de sair e olhar para os nossos irmãos com aquele olhar da Virgem, que somos irmãos e assim teceremos com nossos corações e com nossos olhos essa cultura do encontro de que tanto precisamos, que nossa pátria tanto precisa". Conferir: BERGOGLIO, J. M. Homilía en la 25ª Peregrinación Juvenil a Luján, 1999. Na outra, comparando a José, pai de Jesus: "Só se o deixarmos [a Deus] estar conosco, como Maria e José o deixaram, uma cultura de encontro é possível, na qual ninguém é excluído, no qual todos nos parecemos irmãos. Porque é precisamente na proximidade e na reunião onde Jesus nasceu, amor". BERGOGLIO, J. M., Homilía en la Navidad del Milenio, 1999.

é um verdadeiro construtor de pontes, um artífice de relações fraternas, por meio do diálogo e do encontro com todos.

Este modo de proceder de Francisco aparece muito bem articulado na obra biográfica de Elisabeta Piqué.[287] A autora consegue costurar o dom pastoral de Bergoglio e a sua habilidade política, com seu carisma de líder, "de maneira que os episódios da sua ação sociopolítica, em plena crise econômica" durante alguns governos argentinos, "parecem postos conjuntamente por um monte de dados que falam da vocação e do talento ecumênico desse homem."[288] Tudo isso remonta essa capacidade e anseio de Bergoglio por estabelecer encontros: "São exemplos disso a formação da Mesa do Diálogo Argentino (2001) com os representantes dos diversos cultos; a criação do Instituto de Diálogo Inter-religioso (2001); a visita à Associação Mútua Israelita Argentina (2003)".[289]

Para seguirmos a nossa reflexão até um momento-chave para o impulso dessa proposta em Bergoglio, a saber, o impulso dado pela V Conferência Geral do Episcopado Latino-americano e do Caribe, realizado em Aparecida (2007), resumiremos os anos seguintes – das aparições da expressão – através do relato de Alexandre Awi Mello:

> Continuará usando a expressão em anos posteriores. Para "refundar com esperança nossos vínculos sociais" como um povo, Bergoglio defende uma "convicção constante que se expressa em gestos, na abordagem pessoal, em um selo distintivo, onde essa disposição de mudar nosso modo de vinculação é expressa, amassando, na esperança, uma nova cultura do encontro, da proximidade". Novamente pede ajuda a Maria, que "é lugar de encontro entre irmãos e de proximidade entre nós e com Deus", porque "queremos nos encontrar como irmãos, trabalhar para que essa cultura fraterna do encontro se torne realidade. "Maria" sabe que caminhamos porque precisamos deste encontro. Sabe também que nós percorremos um longo caminho para nos enxergarmos e nos encontrar, para ser mais irmãos" neste "caminho de encontro que nós, argentinos, precisamos tanto".[290]

Após um período de quase não repetição da expressão, quando Bergoglio deu bastante foco ao encontro com Jesus Cristo em suas homilias e discursos – não que um substitua o outro –, após a Conferência dos Bispos em Aparecida, a

---

287. PIQUÉ, E., Papa Francisco, 2014.
288. TERRAZAS, S. M., "A unidade prevalece sobre o conflito", p. 37.
289. TERRAZAS, S. M., "A unidade prevalece sobre o conflito", p. 37.
290. MELLO, A. A., El Papa Francisco y la cultura del encuentro, p. 726.

qual Bergoglio foi presidente da Comissão de Redação do documento, o cardeal escreveu dois importantes documentos.

O primeiro foi o documento de trabalho para a X Jornada de Pastoral Social, no qual Bergoglio convida a "estabelecer uma cultura do encontro, que implica estimular processos de projetos de consensos e acordos que preservem as diferenças, convergindo nos valores que realizam a dignidade da vida humana, a equidade e a liberdade".[291]

O segundo documento, *linkado* ao impulso de Aparecida, foi o *Propuesta de Aparecida para la Pastoral de la Iglesia en Argentina*. Nesse documento o arcebispo Bergoglio desenvolveu toda sua argumentação e interpretação do Documento de Aparecida (DAp) em torno da categoria "encontro".[292] Após o primeiro ponto que afirma que a vida plena nasce no encontro com Jesus Cristo, Bergoglio entende como consequência desse encontro que "a vida plena nos pede para trabalharmos para estabelecer uma cultura de encontro",[293] e cita o documento:

> Os discípulos e missionários de Cristo promovem uma cultura de compartilhar em todos os níveis em oposição à cultura dominante da acumulação egoísta, levando a sério a virtude da pobreza como um estilo de vida sóbrio para ir ao encontro e ajudar as necessidades dos irmãos que vivem na indigência.[294]

Bergoglio contrapõe a Cultura do Encontro à Cultura da acumulação, do egoísmo e, mais tarde, à Cultura do Descarte. Moisés Sbardelotto, escrevendo sobre a comunicação do Papa Francisco, que está mergulhada nessa proposta de implementação da Cultura do Encontro, salienta: "a ideia da 'cultura do encontro' foi abordada pelo papa principalmente em duas ocasiões, em contraponto à 'cultura da exclusão', do 'descartável', da 'globalização da indiferença'".[295]

A Cultura do Encontro é a forma como Francisco conduz e pastoreia, estilo já bem anterior ao momento que assumiu o ministério petrino. O mesmo estilo permanece, "desde sua eleição como bispo de Roma, ele tem usado explicitamente esta expressão, difundido e proposto, quase programaticamente, como uma categoria pastoral".[296]

---

291. BERGOGIO, J. M., Hacia una cultura del Encuentro, N.p.
292. MELLO, A. A., El Papa Francisco y la cultura del encuentro, p. 727.
293. BERGOGLIO, J. M., Propuesta de Aparecida para la Pastoral de la Iglesia en Argentina, 2013.
294. DAp 540.
295. SBARDELOTTO, M., A comunicação do Papa Francisco e a "cultura do encontro", 2013.
296. MELLO, A. A., El Papa Francisco y la cultura del encuentro, p. 729. Como por exemplo em: FRANCISCO, PP., Discurso en el encuentro con el Comité de Coordinación del CELAM, 2013.

Para compreendermos mais amplamente o que Francisco entende e propõe por Cultura do Encontro, recorreremos mais uma vez ao seu discurso durante a XIII Jornada Arquidiocesana da Pastoral Social, no dia 16 de outubro de 2010, quando ainda era arcebispo de Buenos Aires. No documento que registrou o discurso, Bergoglio apresenta a relação entre os quatro princípios norteadores da sua ação – por nós destacados anteriormente – e a Cultura do Encontro:

> A conquista de uma cultura de encontro que privilegie o diálogo como método – a busca compartilhada de consensos, acordos, o que une e não o que divide e confronta – é um caminho que devemos percorrer. Para isso, devemos privilegiar o tempo ao espaço, o todo à parte, a realidade à ideia abstrata e a unidade ao conflito.[297]

2.3.3.2. O diálogo como método de construção da Cultura do Encontro

O diálogo é, portanto, o método e a atitude proposta por Bergoglio/Papa Francisco, para a construção à promoção da Cultura do Encontro. Na obra de sua autoria, que também trata de uma proposta de retomada da nação argentina, Bergoglio deseja a instauração da Cultura do Encontro "para refundar os vínculos sociais" apelando para uma ética da solidariedade contra a Cultura do Fragmento ou da "não integração", que enfraquece a ação coletiva por desligar os laços humanos.[298] Para construir a Cultura do Encontro na nação argentina, Francisco propõe algumas ações, dentre elas, o exercício do diálogo:

> O exercício do diálogo é a via mais humana de comunicação. E devemos estabelecer, em todos os âmbitos, um espaço de diálogo sério que conduz não meramente formal ou para nos distrair. Intercâmbio que destrói prejuízos e constrói, em função da busca comum, do compartilhar, e envolve a tentativa de interação de vontades em favor de um trabalho comum ou de um projeto compartilhado.[299]

Agora como papa, Bergoglio se depara com uma realidade mais ampla, que, de certa forma, se assemelha com a da Argentina daquele tempo: fragmentada e em constante conflito – de diversas naturezas. Stefano Biancu faz uma leitura interessante da bagagem que capacita o papa a viver este desafio:

---

297. BERGOGLIO, J. M., Nosotros como ciudadanos, Nosotros como Pueblo, N.p.
298. BERGOGLIO, J. M., La Nacíon por construir, p. 43.
299. BERGOGLIO, J. M., La Nacíon por construir, p. 44-45.

> Francisco[...] recebe as intuições do Concílio e da teologia argentina e as coloca diante da situação atual de sociedades multiculturais nas quais é difícil captar os traços de uma história comum, de uma cultura comum, de uma religião comum. Não somos mais povo, precisamos nos torná-lo.[300]

A busca por um projeto compartilhado passa pela via do diálogo, que por sua vez promove o encontro. Por isso, Francisco propõe, além do exercício do diálogo, o "exercício de abrir espaços de encontro".[301] Dessa forma, o encontro caracteriza-se pela presença, proximidade, das partes que podem contribuir para o todo, quando conectadas. A Cultura do Encontro deve ter o ponto de vista ordenador centrado no homem: "princípio, sujeito e fim de toda atividade humana".[302]

Em viagem ao Brasil, em julho de 2013, logo no início de seu pontificado, no seu discurso no Teatro Municipal, lançou seu projeto em favor de uma "cultura do encontro".[303] Neste discurso, Francisco "traduziu a convocação que o move: diálogo, diálogo, diálogo. A nobre palavra, repetida por três vezes, como forma de expressar o único caminho que se abre para o crescimento de uma sociedade e das pessoas".[304]

A promoção da dignidade do ser humano deve ser o objetivo primeiro do diálogo que busca estabelecer a Cultura do Encontro. A Cultura do Encontro requer a atitude da hospitalidade: que estejamos dispostos não somente a dar, mas também a receber os/dos outros.

Outros frutos podem nascer deste encontro: a busca pela promoção do bem comum, da paz, do cuidado da criação de Deus, entre outros. De todo jeito, o ser humano é o agente e o beneficiário da ação. O que deve impulsionar os cristãos a esse encontro? Em uma de suas meditações matutinas na capela da Casa Santa Marta, Francisco nos dá uma resposta:

> Um convite a trabalhar pela "cultura do encontro" de modo simples, "como fez Jesus": não só vendo, mas olhando, não apenas ouvindo, mas escutando, não só cruzando-se com as pessoas, mas detendo-se com elas, não só dizendo "que pena, pobrezinhos!", mas deixando-se arrebatar pela compaixão;

---

300. BIANCU, S., Sobre os quatro princípios do Papa Francisco, N.p.
301. BERGOGLIO, J. M., La Nacíon por construir, p. 46.
302. BERGOGLIO, J. M., La Nacíon por construir, p. 47.
303. FRANCISCO, PP., Palavras do Papa Francisco no Brasil, p. 82-83.
304. TEIXEIRA, F., Malhas da hospitalidade, p.19. Conferir em: FRANCISCO, PP. Visita Apostólica do Papa Francisco ao Brasil por ocasião da XXVIII Jornada Mundial da Juventude, 2013.

"e depois aproximar-se, tocar e dizer: "Não chores" e dar pelo menos uma gota de vida".[305]

Para os cristãos, o próprio modo de agir de Jesus Cristo apresentado nas Sagradas Escrituras serve de inspiração. A vida de Jesus Cristo é um chamado ao encontro com o outro, o necessitado, assim propõe Francisco. Nas Sagradas Escrituras cristãs, Jesus Cristo é o grande promotor de encontros profundos com os mais necessitados. Ele é o modelo de sensibilidade inter-humana que inspira as atitudes dialogais de Francisco.

Na *EG*, Francisco propõe o diálogo como método de aproximação dos cristãos à realidade do mundo atual, para transformá-la pelo poder do anúncio do Evangelho de Jesus.[306] Em Francisco, o diálogo se faz vital para o cumprimento da missão da Igreja.

Uma *cultura* simboliza algo que está nas entranhas de um povo, não simplesmente uma ideia que mobiliza a ação. É algo mais constitutivo do ser. A Cultura do Encontro é um novo estilo de vida que se faz junto, com todos e para todos e o diálogo é, portanto, o método e a atitude proposta por Bergoglio/Papa Francisco para a construção de pontes que conectem os seres humanos entre si, incluindo os mais pobres e sofredores da história.

Sem apontar o suporte teológico e essas particularidades da ação pastoral de Francisco, não poderíamos situar com precisão as ações de Francisco em prol do diálogo inter-religioso. A questão do diálogo inter-religioso faz parte dessa pastoral que se faz em diálogo e encontro, não se configurando como um apêndice, como prática isolada. Em Francisco, o diálogo inter-religioso faz parte da missão evangelizadora da Igreja.

---

305. FRANCISCO, PP., Meditações Matutinas na Santa Missa Celebrada na Capela Santa Marta, 2016.
306. EG 1; 250.

Capítulo 3 | O diálogo inter-religioso na contribuição de Francisco

Francisco tem se mostrado um promotor do diálogo inter-religioso. Nestes anos de pontificado já ficou claro que esse tema é muito caro ao papa. Foram diversos encontros com outros líderes religiosos, visitas a países que professam oficialmente uma outra fé, discursos e homilias sobre o tema, além de linhas dedicadas à questão em seu plano de pontificado – a Exortação Apostólica *Evangelii Gaudium* (*EG*) – e em outros escritos de sua autoria.

O presente capítulo tem por objetivo analisar o tema do diálogo inter-religioso em Francisco e extrair contribuições da Carta Encíclica *Laudato Si'* para o diálogo inter-religioso. Para tal, primeiro utilizamos como base a *EG*, que nos deu o caminho para traçarmos uma trajetória temática na missão de promover o DIR, o que nos fez percorrer outras obras de sua autoria e comentários de outros autores, até nos debruçarmos na *LS* para extrair importantes e singulares contribuições para a temática.

O capítulo está dividido em três partes: Primeiramente, exploraremos alguns aspectos da questão do diálogo inter-religioso em Jorge Mario Bergoglio, em sua prática pastoral na Argentina antes mesmo de sua eleição ao papado. Em um segundo momento, analisaremos a *EG*, conteúdo programático do pontificado de Francisco, em sua proposta de DIR. Essa análise nos levou a colocar em relevo algumas ênfases especiais do DIR, segundo Francisco. Por fim, examinaremos a *LS* em sua temática principal, em seus eixos transversais que perpassam toda a carta, seus objetivos, suas linhas de diálogo e extrairemos contribuições para o diálogo inter-religioso. Possivelmente, tais contribuições possam nos ajudar a propor a *LS* como uma potencial obra de referência para o tema do DIR na atualidade.

3.1. O diálogo inter-religioso em Jorge Mario Bergoglio

Francisco vem criando pontes com outros líderes religiosos e representantes de outras religiões mundo afora. O diálogo tem sido seu método de encontro e estreitamento de laços, tanto com cristão de outras tradições quanto com religiosos de tradições não cristãs. Antes mesmo de assumir o cargo máximo da Igreja Católica, Francisco já fomentava o DIR.

Agora, nossa abordagem ao DIR no autor compreenderá esse período anterior ao papado, para posteriormente neste capítulo trabalharmos a etapa correspondente ao período em exercício do papado. Essa divisão não insinua uma maneira diferente de abordagem ao tema do DIR em sua trajetória, pelo contrário, apenas nos ajudará a organizar temporalmente os fatos biográficos – ainda que sem a intenção de traçar cronologicamente uma rota –, somados aos seus ensinamentos, para, então, nos servir de apoio para confirmar a suspeita inicial de que há uma continuidade entre Bergoglio e Francisco no tocante ao tema do DIR.

3.1.1. A prática do diálogo inter-religioso em Bergoglio

Agora, percorreremos alguns episódios biográficos que corroboram para afirmar que os ensinamentos de Bergoglio/Francisco não estão apenas no mundo das ideias, não surgem de uma teologia estéril, de uma fé estática, mas de uma fé viva e atuante,[307] de uma pastoral do encontro e do diálogo. Como afirma Roberto Repole: "Bergoglio tem nas costas, sobretudo, e primeiramente, a longa e radical experiência do religioso e do pastor".[308] Ele carrega uma profundidade teológica na sua *práxis*, que por alguns não foi tão bem compreendida, sendo até vista com desconfiança.[309]

Francisco é o próprio exemplo da Cultura do Encontro que pretende implementar, realiza a "saída" que projeta colocar a Igreja Católica em direção ao mundo. Piqué, relembrando os tempos de Bergoglio na Argentina, confirma essa

---

307. O próprio Francisco adverte os cristãos sobre o perigo das ideias não tocarem a realidade: "Existe também uma tensão bipolar entre a ideia e a realidade: a realidade simplesmente é, a ideia elabora-se. Entre as duas, deve estabelecer-se um diálogo constante, evitando que a ideia acabe por separar-se da realidade. É perigoso viver no reino só da palavra, da imagem, do sofisma...[...] A ideia – as elaborações conceituais – está ao serviço da captação, compreensão e condução da realidade. A ideia desligada da realidade dá origem a idealismos e nominalismos ineficazes que, no máximo, classificam ou definem, mas não empenham. O que empenha é a realidade iluminada pelo raciocínio" (EG 231-232).

308. REPOLE, R., Prefácio à coleção, p. 11.

309. REPOLE, R., Prefácio à coleção, p. 11-12.

nossa afirmação: o "arcebispo não apenas chama seus padres a irem ao encontro das periferias. Coerente com as suas palavras, ele próprio vai".[310]

Enquanto esteve servindo a Deus na Igreja da Argentina, Bergoglio foi notado pela sua habilidade para estabelecer relações inter-religiosas em prol do bem da sociedade. Piqué relata uma longa sequência de feitos no campo do DIR:

> Em 2002, cria o Instituto de Diálogo Inter-Religioso, integrado por Omar Abboud – representando o islã –, o Rabino Daniel Goldman, seu amigo, o protestante Luis Lieberman, o Padre Guillermo Marcó e José María Corral, oficial da área educativa do governo da cidade de Buenos Aires. Às vésperas da invasão norte-americana ao Iraque, em março de 2003, aprova a instalação na Praça de Maio, de uma tenda de oração de representantes de diversas religiões, ideia de Sheij Móhsen Ali, diretor da Casa para a Difusão do islã. Em junho de 2004, torna-se o primeiro cardeal primado da Argentina que entra no prédio da Amia (Associação Mutual Israelita Argentina), na rua Pasteur, reconstruído após o atentado à bomba de 1994. Coloca uma coroa de flores e reza diante do muro que recorda as 85 vítimas do ataque contra essa mutual judaica. No livro de visitas ilustres da Amia escreve: "Conta as areias do mar: assim será sua descendência; agradeço ao Senhor por ter permitido neste dia, a este grãozinho de areia que sou, compartilhar o trecho do caminho com nossos irmãos mais velhos". Em 2007 inaugura, na matriz da Pastoral Universitária, o curso "Formação de lideranças em e para o diálogo inter-religioso", organizado pelo website Valores Religiosos com o Instituto de Diálogo Inter-Religioso. Fora do âmbito institucional, Bergoglio estreita amizade com representantes de diferentes cultos – rabinos, pastores protestantes –, atitudes que se refletem em atividades concretas.[311]

Como exemplo prático da relação amistosa entre cristãos e judeus que encorajou os católicos a desenvolverem,[312] podemos destacar a relação entre Mario Jorge Bergoglio e o Rabino Abraham Skorka. Os dois desenvolveram uma amizade quando Bergoglio recebera o convite do rabino Skorka – então reitor do Seminário Rabínico Latino-americano de Buenos Aires – para participar do serviço de penitência de Seijot em 2004. Convite prontamente aceito por Bergoglio. Na ocasião, o cardeal juntou-se à comunidade judia de Skorka, rezaram e partilharam o pão.[313]

---

310. PIQUÉ, E., Papa Francisco, p. 118.

311. PIQUÉ, E., Papa Francisco, p. 120-121.

312. EG 247.

313. IVEREIGH, A., El gran reformador, p. 434.

Desde então os dois passaram a promover caminhos de diálogo e de abertura espiritual. Em 2010 promoveram debates em um programa televisivo sobre diversos temas – felicidade, sexualidade, autoridade, temas bíblicos compartilhados pelas tradições – divididos em 31 episódios de 1 hora, com a moderação de um teólogo protestante, Marcelo Figueroa.[314] Em 2012, durante as comemorações dos 25 anos da *Nostra Aetate*, Bergoglio concedeu a Skorka o título de *Doutor honoris causa* pela Universidade Católica de Buenos Aires.

O respeito mútuo, afeto, a relação fraterna e a amizade genuína impulsionaram o rabino e o cardeal à busca conjunta por desenvolver "uma compreensão mais profunda do que o judaísmo implica para o cristianismo e vice-versa".[315] Nas palavras de Skorka: "dialogar, em sentido mais profundo, é aproximar a alma de um à do outro, a fim de revelar e iluminar seu interior".[316]

Os exemplos de contribuição ao diálogo com os judeus na vida de Bergoglio não se limitam à relação com Skorka. Na Argentina, Bergoglio foi mais além do que as relações já estabelecidas com algumas comunidades judias, herança deixada pelo Cardeal Quarracino:

> Participava com regularidade na comemoração anual de um dos principais eventos da perseguição nazista aos judeus – a Noite dos Cristais Quebrados – e acolheu-o em mais de uma ocasião na catedral, pedindo perdão em nome daqueles que, na década de 1930, não fizeram nada para impedir que o Holocausto ocorresse. Ele garantiu que a *Shoah* fosse ensinada nas escolas e seminários da diocese, e em 2012 ele enviou três sacerdotes em formação para o *Yad Vashem*, o Museu do Holocausto em Jerusalém. Ele pediu aos seus bispos auxiliares para representarem a Igreja na comemoração anual das vítimas do atentado contra a AMIA, e em julho de 2010 ele participou pessoalmente e orou em frente ao mural.[317]

Poderíamos acrescentar outros diversos exemplos da prática do DIR de Bergoglio, mas nos deteremos agora em apenas mais um deles: a relação de Bergoglio com o já citado Omar Abboud, muçulmano e ex-secretário do Centro Islâmico da Argentina.

Desde a criação do Instituto de Diálogo Inter-Religioso, em 2002, os laços de amizade entre Bergoglio e Abboud se estreitaram e os dois se encontravam

---

314. IVEREIGH, A., El gran reformador, p. 435.
315. IVEREIGH, A., El gran reformador, p. 435.
316. BERGOGLIO, J. M; SKORKA, A., Sobre o céu e a terra, p. 8.
317. IVEREIGH, A., El gran reformador, p. 433.

para conversar, tomar café e ouvir ópera. Abboud falava do islã para Bergoglio e logo descobriu que o então cardeal já sabia bastante sobre sua tradição religiosa.[318] Trocavam livros que permitiam falar sobre os paralelismos entre o cristianismo e o islã, debatiam sobre os atributos de Deus e a diferente compreensão nas duas tradições, o aspecto comum da misericórdia, entre outros temas.

Ivereigh colheu três importantes relatos de Abboud, recordando este período de caminhada conjunta com o Cardeal Bergoglio, que caracterizam bem alguns frutos do DIR. No primeiro, uma afirmação que pode evidenciar o potencial do DIR de vencer os nossos preconceitos e mau julgamentos acerca dos outros: "foi uma aprendizagem no exercício da misericórdia, de melhorar a visão do outro, de colocar-se no lugar do outro", relembra Omar Abboud.[319]

O segundo relato caracteriza bem o DIR no seu potencial de enriquecimento mútuo, quando, a partir do que aprendo acerca da fé do outro, passo a compreender e viver melhor a minha experiência religiosa[320]: "Como um muçulmano aprenderá com um padre? Eu aprendi com ele a dinâmica da misericórdia islâmica através das palavras de Bergoglio".[321]

O terceiro importante relato de Abboud reflete a acolhida, a hospitalidade que Bergoglio promovera através do DIR[322]:

> A pessoa que mais construiu em termos de diálogo, que mostrou e ensinou mais para nós, foi Bergoglio – lembra Abboud ... [...] A Argentina é maioritariamente Católica Apostólica Romana como outros países da América Latina. Mas não havia área de tolerância: você vai tolerar aqui, até aqui. O que o cardeal fez foi gerar uma esfera de coexistência. Gerenciou a possibilidade de sentar-se naquela mesa, um espaço cívico sem tamanho.[323]

Esse último relato pode falar muito ao nosso atual contexto brasileiro, tomado por episódios de intolerância e atentado contra a liberdade religiosa, especialmente, contra religiosos e templos de matriz africana – como expomos anteriormente neste trabalho.[324]

---

318. IVEREIGH, A., El gran reformador, p. 431.

319. IVEREIGH, A., El gran reformador, p. 431.

320. EG 250-251.

321. IVEREIGH, A., El gran reformador, p. 431.

322. Fica o ponto de contato com a EG, quando Francisco faz um chamado a acolhida dos imigrantes muçulmanos. EG 253. Da relação com Abboud surgiu uma obra conjunta, que aborda também e especialmente o tema do DIR: FRANCISCO, PP; ABBOUD, O., Superar o muro, 2015.

323. IVEREIGH, A., El gran reformador, p. 430-431.

324. No Capítulo 1, ponto 1.2.3.

No período em que esteve na Argentina, Bergoglio viveu o DIR na verdade e no amor, prezando pelo todo. A promoção da cooperação inter-religiosa para a solução de problemas comuns a todos, foi uma marca do cardinalato de Bergoglio. A escritora e jornalista Evangelina Himitian também registrou tais feitos:

> Já na condição de Arcebispo de Buenos Aires, Bergoglio tinha propiciado e conduzido encontros com hebreus, muçulmanos e evangélicos. Tinha feito sentar-se em torno da mesa do "diálogo argentino" os representantes de vários cultos e tinha organizado encontros ecumênicos nos quais os diversos credos se tinham reunido para discutir temas referentes à sociedade, e, portanto, comuns a todas as religiões.[325]

Desse período, destacaremos agora uma obra de Bergoglio que toca de forma especial a temática do DIR.

3.1.2. O registro literário de uma amizade inter-religiosa

No ano de 2011 foi publicada a obra *Sobre o Céu e a Terra*, resultado de um diálogo entre Bergoglio e seu amigo, o Rabino Abraham Skorka, registrado ao longo do ano de 2010 por um jornalista. Nessa obra, Bergoglio e Skorka não apenas dão suas opiniões sobre temas e desafios atuais, mas desenvolvem um "diálogo, com a forma, a troca e a riqueza humana de um diálogo autêntico".[326]

No diálogo fraterno desenvolvido entre Skorka e Bergoglio, Maria Teresa Cardoso propõe uma aplicação do documento conciliar *Nostra Aetate (NA)*[327] – um marco para o diálogo judaico-cristão:

> O diálogo de Bergoglio e Skorka aparece em consonância com a Declaração *Nostra Aetate*. Por exemplo, tem em conta os laços espirituais que relacionam cristãos e judeus; não caminha com preconceitos; usa em comum a Sagrada Escritura. É um diálogo fraterno.[328]

Bergoglio relata nas páginas iniciais da obra que, ao ser convidado para a publicação de um dos diálogos entre eles, respondeu positiva e prontamente ao chamado de Skorka, muito porque já tinham bastante tempo de caminhada conjunta e por sempre respeitarem as identidades religiosas um do outro:

---

325. TERRAZAS, S. M., "A unidade prevalece sobre o conflito", p. 31.
326. FREITAS CARDOSO, M. T., Riqueza humana e espiritual em um diálogo, p. 1075.
327. NA 4.
328. FREITAS CARDOSO, M. T. de., Riqueza humana e espiritual em um diálogo, p. 1074.

Com Skorka nunca tive que negociar a minha identidade católica, assim como ele não o fez com a sua identidade judaica, e isso não só pelo respeito que temos um pelo outro, mas também porque assim concebemos o diálogo inter-religioso. O desafio consistiu em caminhar com respeito e afeto, caminhar na presença de Deus e procurando ser irrepreensíveis.[329]

Os impeditivos do cotidiano ao diálogo são pontuados por Bergoglio: "a desinformação, a fofoca, o preconceito, a difamação, a calúnia"[330], além de outras atitudes antidialogais como o não saber escutar, por exemplo. Sobre este ponto, Jorge Mario Bergoglio entende que o diálogo nasce da abertura dos nossos corações ao ponto de vista dos outros, "do convencimento de que o outro tem algo bom a dizer"[331], essa atitude é oposta à prepotência que muitos destilam, que sufoca a humildade e misericórdia no trato com o outro humano.

A abertura dialogal do Concílio Vaticano II está presente na prática do diálogo inter-religioso entre Bergoglio e Skorka. É importante observar que pelo menos três elementos fundamentais afirmados nos documentos conciliares *Nostra Aetate* (NA) e *Dignitatis humanae* (DH) podem ser encontrados no diálogo inter-religioso, segundo Bergoglio, e no seu diálogo com Skorka. São eles: "o princípio da liberdade religiosa (*DH*, cap. I); o reconhecimento da positividade das religiões (*NA* 2); e a convicção do valor do diálogo e da cooperação inter-religiosa (*NA* 5; *DH* 15)".[332]

Por exemplo, quando conversam sobre a necessidade das religiões na obra *Sobre o Céu e a Terra*, Skorka e Bergoglio concordam que a religião ainda existirá como resposta aos anseios humanos e que cada ser humano se relaciona de maneira diferente com Deus, que por sua vez respeita a cultura dos povos.[333] Não defendem apenas as suas religiões particulares, mas assumem as diferentes religiões como dado positivo, como resultado de diferentes experiências com o transcendente. Para Bergoglio, cada povo capta em seu coração a experiência com Deus e "a traduz de acordo com a cultura que tem, e vai elaborando-a, dando-lhe um sistema".[334] Para Bergoglio é fundamental que haja diálogo entre religião e cultura.[335]

---

329. BERGOGLIO, J. M.; SKORKA, A., Sobre o céu e a terra, p. 12 e 13.
330. BERGOGLIO, J. M.; SKORKA, A., Sobre o céu e a terra, p. 12.
331. BERGOGLIO, J. M.; SKORKA, A., Sobre o céu e a terra, p. 12.
332. WOLFF, E., Igreja em diálogo, p. 77.
333. BERGOGLIO, J. M.; SKORKA, A., Sobre o céu e a terra, p. 27 e 28.
334. BERGOGLIO, J. M.; SKORKA, A., Sobre o céu e a terra, p. 28.
335. BERGOGLIO, J. M.; SKORKA, A., Sobre o céu e a terra, p. 178.

Na obra, Skorka e Bergoglio selecionam espaço para falar especificamente sobre o diálogo inter-religioso. Bergoglio lembra como ampliou a participação dos outros líderes religiosos nos *Te Deum*, enquanto arcebispo de Buenos Aires, quando a partir de 2009, a seu convite, os outros líderes religiosos passaram a formular as suas orações de acordo com cada credo particular ali presentes.[336]

O gesto de Bergoglio de sair de seu lugar para cumprimentar todos os líderes religiosos durante o evento supracitado e de abrir a liturgia para suas participações foi elogiado por Skorka; já que os gestos carregam um simbolismo poderoso são "uma maneira de mostrar a importância do diálogo inter-religioso".[337] Com gestos, atitudes de amor e abertura de coração, Bergoglio promoveu o testemunho conjunto do Transcendente, outra proposta do concílio.[338] Como afirmara anos depois, o diálogo inter-religiosos "é uma atitude de abertura no diálogo e no amor".[339]

A missão evangelizadora da Igreja hoje deve ser feita em diálogo, que por sua vez dispensa o proselitismo. Citando uma bela frase de Bento XVI, Bergoglio celebra a extinção de tal atitude: "a Igreja é uma proposta que chega por atração, não por proselitismo".[340]

Seguiremos refletindo sobre a questão do diálogo inter-religioso em Francisco, agora utilizando como base a Exortação Apostólica *Evangelii Gaudium*, que tem como tema principal o anúncio do Evangelho no mundo atual. A partir da *EG*, documento norteador para o itinerário da atuação de Francisco, analisaremos alguns aspectos particulares do DIR em Francisco.

3.2. O diálogo inter-religioso em Francisco a partir da *Evangelii Gaudium*

No conteúdo programático do seu pontificado, o DIR ganhou um espaço importante. A palavra *diálogo* aparece 47 vezes na *EG*, sendo que 10 vezes especificamente em referência ao diálogo com as religiões, o que atesta o interesse de Francisco pelo DIR e a importância de tal obra para a temática.[341]

---

336. BERGOGLIO, J. M.; SKORKA, A., Sobre o céu e a terra, p. 171.
337. BERGOGLIO, J. M.; SKORKA, A., Sobre o céu e a terra, p. 178.
338. NA 5.
339. EG 250.
340. BERGOGLIO, J. M.; SKORKA, A., Sobre o céu e a terra, p. 183.
341. SANCHEZ, W. L., O diálogo inter-religioso, p.161.

As linhas de diálogo na *EG* estão situadas principalmente na parte destinada ao *diálogo social como contribuição para a Paz* dentro do capítulo IV – *A dimensão social da evangelização*.³⁴² Francisco afirma que "a evangelização implica um caminho de diálogo",³⁴³ e estabelece três campos de diálogo de que a Igreja deve se fazer partícipe: diálogo com o Estado, com a sociedade e com outros crentes não católicos.³⁴⁴

Na *EG*, Francisco separou oito parágrafos para tratar da questão do diálogo com as outras religiões (*EG* 247-254).³⁴⁵ Neles estão contidos uma riqueza expressiva, que norteará a nossa reflexão em torno do pensamento e práxis do DIR em Francisco. Três desses parágrafos (*EG* 247-249) foram dirigidos à relação com o judaísmo e antecedem os parágrafos que abordam a questão do diálogo inter-religioso em geral.

Iniciaremos com a análise dos parágrafos destinados ao *diálogo social num contexto de liberdade religiosa* (*EG* 255-258), incluídos nesta seção de nossa pesquisa voltada para o DIR, já que Francisco trabalha neles a distinção entre o papel da Igreja – religião – e do Estado – governantes e políticos – no tocante à construção de uma sociedade melhor, e, enfaticamente, faz a defesa da salvaguarda da liberdade religiosa – ênfase conciliar por nós trabalhada no ponto 3.1.2. –, condição essencial para o florescimento do DIR.

3.2.1. O diálogo com os governantes e com a sociedade atual a partir da *Evangelii Gaudium*

Francisco reservou alguns parágrafos da *EG* para tratar do diálogo com os governantes e com a atual sociedade, que vive um contexto de liberdade religiosa.³⁴⁶

---

342. EG 238-258.

343. EG 238.

344. EG 238.

345. Na EG Francisco situa a relação com o judaísmo entre os espaços destinados ao diálogo ecumênico e o diálogo inter-religioso. A caminhada construída pela Igreja Católica no diálogo judaico-cristão é levada em consideração, assim como as raízes do cristianismo que estão entrelaçadas ao judaísmo: "o povo da Aliança e a sua fé como uma raiz sagrada da própria identidade cristã" (EG 247). Abordaremos esta relação como inter-religiosa, pois não pretendemos problematizar a questão, saindo das duas linhas de diálogo comumente estabelecidas: diálogo ecumênico e inter-religioso. Até poderíamos situar essa relação no diálogo intercredal, mas incorreríamos na questão que pretendemos evitar. Mesmo assim, consideramos válidos os argumentos do papa, que leva em conta a crença em um mesmo Deus que age na história humana, a irrevogável aliança de Deus com os judeus e a partilha de uma parcela muito importante das Escrituras Sagradas, para defender que o judaísmo não é uma religião completamente alheia ao cristianismo (EG 247).

346. EG 255-258.

Neles, o papa faz uma defesa da religião, do direito de professar a fé individual e o de não ter uma religião específica, o direito fundamental da liberdade religiosa, que por vezes fica ameaçado por opiniões generalizadoras, por ações políticas que desconsideram a sua grandeza e fomentam um ambiente de ressentimento, ao invés de promover a tolerância e a paz.[347]

Em sua abordagem, Francisco não faz confusão entre as responsabilidades do Estado e as responsabilidades da Igreja, ele as distingue precisamente, tornando possível uma relação harmoniosa em vista do bem comum, sem uma instituição absorver a outra. Como são instâncias e poderes diferentes, Igreja e Estado oferecem suas contribuições dentro das suas possibilidades e limites. Há interesse comum, como, por exemplo, o estabelecimento da paz na sociedade, mas "o cuidado e a promoção do bem comum competem ao Estado".[348] A Igreja pode oferecer sua experiência milenar, falando e agindo a partir da luz dada pela fé, contribuindo para a instauração da paz pela proclamação do Evangelho de Jesus, a "paz em pessoa (Ef 2,14)".[349] De igual modo as outras religiões têm suas contribuições para dar à sociedade.

O papel fundamental do Estado não pode ser delegado a outra instituição, de igual modo, o papel dos governantes não pode ser delegado aos líderes religiosos. Isso não quer dizer que as outras instituições estão dispensadas de ações concretas em cooperação com o Estado. Porém, a devida diferenciação e liberdade permite a atuação mais eficaz de cada instituição segundo as suas atribuições. A Igreja, especialmente, precisa exercer seu papel profético livremente.

As religiões devem estar envolvidas na construção de uma realidade mais justa e na garantia da dignidade da pessoa humana, juntamente com as muitas outras forças governamentais. Portanto, o diálogo é uma via que possibilita esta ação conjunta, uma união de partes diferentes e corresponsáveis pela construção de uma sociedade menos desigual e mais pacífica. A fé cristã deve propor "com clareza os valores fundamentais da existência humana, para transmitir convicções que possam depois traduzir-se em ações políticas".[350]

Até o presente momento, Francisco já visitou quase todos os continentes do mundo – exceto a Oceania – dialogando com governantes e representantes do poder estatal. No dia 25 de novembro de 2014, em visita ao Parlamento Europeu, reunido em Estrasburgo, na França, Francisco discursou para os representantes

---

347. EG 255-256.
348. EG 240.
349. EG 239.
350. EG 241.

dos poderes políticos da Europa, clamando pela promoção da dignidade humana: "promover a dignidade da pessoa significa reconhecer que ela possui direitos inalienáveis, de que não pode ser privada por arbítrio de ninguém e, muito menos, para benefício de interesses econômicos".[351] Em 21 de julho de 2015 no Vaticano, discursou sobre a questão ecológica e da chamada escravidão moderna, diante de governantes e prefeitos de diversas grandes cidades do mundo.[352]

Durante uma viagem apostólica para a África, Francisco se reuniu com autoridades governamentais em Bangui (República Centro-africana) – país que está em guerra civil desde 2012 – buscando diálogo em favor do reestabelecimento sociopolítico, da paz e da participação do governo na promoção do bem do povo:

> É supérfluo, sem dúvida, sublinhar a importância crucial do comportamento e administração das autoridades públicas. Estas deveriam ser as primeiras a encarnar, coerentemente, na sua vida, os valores da unidade, da dignidade e do trabalho, para servir de modelo aos seus compatriotas.[353]

Não é de hoje que Francisco busca essa contribuição junto aos poderes políticos para a construção de um mundo melhor. Piqué destaca que, enquanto foi arcebispo de Buenos Aires, Bergoglio não se limitava a testemunhar as ações dos poderes estatais, mas fazia "questão de dizer ao poder aquilo que não funciona, tornando-se uma figura incômoda".[354] Bergoglio entende o poder como uma oportunidade de servir e cobrava a atuação do Estado na realidade complicada da Argentina, mergulhada em escândalos políticos:

> Primeiro, os excessos do capitalismo selvagem e a corrupção que o menemismo (1989-1999) deixa de rastro. Depois, o colapso do governo de Fernando de la Rúa, a quem vê fugir de helicóptero do terraço da Casa Rosada em dezembro de 2001, enquanto a Praça de Maio está em chamas e a fumaça dos gases lacrimogêneos chegam até seu quarto, com os panelaços; os sopões populares, a desintegração, o período de Eduardo Duhalde (2002-2003). Finalmente, e desde então, o kirchnerismo.[355]

O Padre Carlos Accaputo, amigo de Francisco e presidente da Pastoral Social, durante o bispado de Bergoglio em Buenos Aires, afirma que "a atitude de

---

351. FRANCISCO, PP., Discurso do Santo Padre ao Parlamento Europeu, 2014.
352. FRANCISCO, PP., Workshop "Modern Slavery and climate change, 2015.
353. FRANCISCO, PP., Discurso do Santo Padre. Encontro com a classe dirigente e com o corpo diplomático. N.p.
354. PIQUÉ, E., Papa Francisco, p. 119.
355. PIQUÉ, E., Papa Francisco, p. 120.

Bergoglio a respeito da vida política, sindical, empresarial, com as organizações sociais" sempre foi de diálogo, de respeito e de colaboração, partindo da própria posição da Igreja Católica.[356] Talvez Francisco não tenha encontrado nos governantes argentinos daquele período tal atitude dialogal em reciprocidade à sua preocupação com a nação.

Enquanto arcebispo de Buenos Aires, a relação de Bergoglio com o *kirchnerismo* foi turbulenta, especialmente com a presidente Cristina Kirschner. Mesmo assim, Bergoglio "seguiu apostando no diálogo social e denunciando a crescente pobreza e a corrupção".[357]

Bergoglio, juntamente com Accaputo, construiu uma Pastoral Social para estabelecer diálogo com os mais variados setores da sociedade argentina, independentes de bandeiras ideológicas particulares.[358]

Vejamos o diálogo com a sociedade sugerido por Francisco na *EG*. O diálogo com a sociedade também se faz necessário para a construção de uma realidade social mais justa e que a todos contemple, pois "os temas sociais, importantes para o futuro da humanidade",[359] se convertem em lugar de encontro, anúncio do Evangelho e – por que não? – de diálogo inter-religioso.

A *EG* parece estar inspirada pelo mesmo espírito de *aggiornamento* – atualização – soprado no Concílio Vaticano II, que colocou a Igreja em diálogo com o momento histórico – a Modernidade – para atualizar suas verdades de fé a propósito de uma atuação mais relevante e apropriada. Pensando no anúncio do Evangelho de Jesus Cristo ao mundo atual, a *EG* propõe o diálogo com as questões hodiernas da sociedade e com as instâncias que a compõe, especialmente com a cultura e com as ciências.[360]

O diálogo com as culturas, também citado na *EG*, se faz necessário para uma melhor compreensão e aproximação em tempos de rápidas mudanças significativas, especialmente em vista do anúncio mais adequado do Evangelho. Francisco chama a atenção dos cristãos para esta realidade: "as enormes e rápidas mudanças culturais exigem que prestemos constante atenção ao tentar exprimir as verdades de sempre numa linguagem que permita reconhecer a sua permanente novidade".[361] Uma nova dinâmica de inculturação da fé precisa ser adotada, res-

---

356. PIQUÉ, E., Papa Francisco, p. 120.
357. CÁCERES, A. M., J.M. Bergoglio, p. 119-120.
358. PIQUÉ, E., Papa Francisco, p. 120.
359. EG 258.
360. EG 238.
361. EG 41.

peitando e revalorizando a cultura dos povos – como propõe a *Teología del Pueblo* já mencionada neste trabalho – para anunciar as verdades da fé cristã que cabem em qualquer cultura.

O tempo presente está sendo marcado pela globalização da cultura, fenômeno que padroniza os estilos de vida a partir dos ditames mercadológicos e propõe um modelo sociocultural homogeneizado. Essa configuração pode ser catastrófica:

> Hoje, aqueles que compõem a sociedade de consumo são unidimensionalizados e sua humanidade solidária e pluricultural é roubada, e o sujeito humano é também considerado como um bem comerciável e intercambiável, e as culturas como modos de vida substituíveis.[362]

O diálogo entre religião e cultura é fundamental, tanto para que a religião não perca a capacidade de traduzir a experiência com o transcendente em termos compreensíveis para o tempo presente como para que as culturas sejam iluminadas pela experiência religiosa. O Concílio Vaticano II propôs a necessidade de tal articulação "que pede à Igreja uma constante conversão – *Ecclesia semper reformanda*".[363]

3.2.2. O diálogo ecumênico a partir da *Evangelii Gaudium*

A Teóloga Maria Teresa de Freitas Cardoso nos oferece grande contribuição ao observar que, mais do que ter um capítulo separado para tratar dos diversos diálogos, a *EG* no seu conjunto já é um documento dialogal, e o caráter ecumênico que permeia todo o documento não está presente somente nos parágrafos destinados ao tema do diálogo ecumênico e inter-religioso.[364]

Segundo Francisco, o diálogo entre os cristãos das diversas confissões deve ter por finalidade a unidade. É sabido que as divisões entre os cristãos depõem contra o próprio testemunho do cristianismo, causando prejuízo à missão evangelizadora do mundo. Mas como Francisco propõe um caminho de busca pela unidade em Cristo?

Recorrendo ao decreto sobre o ecumenismo *Unitatis Redintegratio* (*UR*), documento formulado pelo Concílio Ecumênico Vaticano II, a *EG* de Francisco faz um chamado aos cristãos para a superação das divisões que lesam a credibili-

---

362. LUCIANI, R., El Papa Francisco y la Teología del Pueblo, p. 49.
363. BERGOGLIO, J. M.; SKORKA, A., Sobre o céu e a terra, p. 178.
364. FREITAS CARDOSO, M. T., Aspectos Ecumênicos da Evangelii Gaudium, p. 252.

dade do anúncio da mensagem cristã e o testemunho que pode contribuir para a unidade da família humana.[365]

Francisco propõe uma caminhada conjunta, com foco no que nos é comum, sobrepondo o que nos identifica às desconfianças originadas pelas discordâncias doutrinais que nos distinguem. Em suas palavras: "se nos concentrarmos nas convicções que nos unem e recordarmos o princípio da hierarquia das verdades, poderemos caminhar decididamente para formas comuns de anúncio, de serviço e de testemunho".[366] Devemos nos concentrar no que é central para a fé cristã, sem renunciar às outras verdades secundárias, mas colocando-as a serviço do que é o coração do Evangelho.

Nesse sentido, a motivação de anunciar e testemunhar o amor de Jesus Cristo se converte em um ponto imprescindível para a busca por caminhos de unidade. Francisco propõe o princípio da hierarquia das verdades[367] como suporte basilar para as nossas relações ecumênicas. Tendo como fonte o texto da *EG*, a Teóloga Maria Teresa de Freitas Cardoso chama a atenção para essa proposta como a escolha de ter em vista o que é mais importante, harmonizando a hierarquia das verdades com a virtude primordial do cristão – ou hierarquia das virtudes e ações – que tem a misericórdia como a maior de todas as virtudes (*EG* 36-37).[368] Podemos afirmar então, que, tomando a *EG* como base, o diálogo ecumênico, segundo Francisco, deve ter por finalidade "a cooperação no anúncio do Reino de Deus, no serviço à humanidade e no testemunho".[369]

Francisco repropõe um *Ecumenismo Espiritual*, já indicado na *Unitatis Redintegratio* (*UR* 8). Propõe caminhos de unidade que nos levem a rezar – orar – juntos e dar testemunho juntos, também a evangelizar juntos (*EG* 246). O diálogo é o método de aproximação, não apenas como discurso, mas por meio da atitude de amor fraterno. Essa é a unidade no Espírito Santo, que deve ser reestabelecida e preservada (Ef 4,3).

O caminho de unidade não corresponde apenas ao querer, à necessidade e à disposição humanas, mas principalmente "à oração do Senhor Jesus pedindo "que todos sejam um" (Jo 17,21)"[370] e à livre-ação do Espírito Santo que semeou

---

365. EG 244.

366. EG 246.

367. Este princípio encontra-se no já mencionado Decreto *Unitatis redintegratio* (UR 11), documento formulado pelo Concílio Vaticano II. Francisco por diversas vezes aplica as formulações do último concílio da Igreja Católica aos dias atuais, fazendo referência explícita ou implicitamente.

368. FREITAS CARDOSO, M. T., Aspectos Ecumênicos da Evangelii Gaudium, p. 253.

369. SANCHEZ, W. L., O diálogo inter-religioso: fontes e métodos, p. 162.

370. EG 244.

seus dons em cada cristão,[371] sejam católicos, ortodoxos ou protestantes – entre outros – para serem colocados a serviço da Igreja e do avanço do Reino de Deus. A unidade, portanto, não é uma busca por absorção da diversidade, mas a busca pelo estabelecimento da relação de amor fraterno apesar da diversidade.

Na *EG*, Francisco agradece a presença do Patriarca de Constantinopla e do arcebispo de Cantuária – respectivamente, Bartolomeu I, líder ortodoxo e Roward Douglas Williams, líder espiritual da Igreja Anglicana – no Sínodo dos bispos (2012). O papa não faz apenas uma menção, mas os reconhece como autoridades espirituais legítimas, uma atitude sutil, mas significativa, expressa nos pronomes de tratamento reafirmados para cada um deles: Sua Santidade Bartolomeu I e Sua Graça Roward Douglas Williams.[372]

Como exemplo dos frutos da relação entre católicos e ortodoxos, Francisco escolhe enumerar o que pôde aprender dos irmãos cristãos dessa outra tradição: "temos a possibilidade de aprender algo mais sobre o significado da colegialidade episcopal e sobre a sua experiência da sinodalidade".[373]

Para Walter Kasper, o diálogo ecumênico que Francisco vem tentando estabelecer assemelha-se com seus predecessores, buscando "engajar-se em um diálogo sobre como o ministério petrino deve ser exercido de tal maneira que, sem perder sua substância, possa ser aceito por todos".[374]

Foram diversos encontros com líderes e fiéis cristãos não católicos. Destacamos a relação de amizade com o Patriarca Ecumênico Bartolomeu I, líder da Igreja Ortodoxa. Durante a celebração da Divina Liturgia,[375] realizada na Igreja Patriarcal de São Jorge em Istambul (Turquia), no dia 30 de novembro de 2014, Francisco agradeceu a Bartolomeu I por lhe conceder a honra de participar da Eucaristia e lembrou que esteve presente algumas vezes na mesma celebração junto às comunidades ortodoxas da Argentina.[376]

Uma outra relação que se iniciou nos tempos em que o Cardeal Bergoglio estava na Argentina foi a relação de amizade com o bispo anglicano Tony Palmer. Esse é um bom exemplo do tipo de diálogo ecumênico que Francisco costuma estabelecer. Antes de qualquer acordo doutrinário, o diálogo proposto por Francisco se funda na amizade e no amor fraterno. Os dois se conheceram quando

---

371. EG 246.
372. EG 245.
373. EG 246.
374. KASPER, W., El papa Francisco, p. 775.
375. Celebração da Eucaristia segundo o rito bizantino.
376. FRANCISCO, PP., Divina Liturgia, 2014.

Palmer esteve na Argentina em uma missão para o estreitamento de laços entre evangélicos e católicos. Bergoglio recebeu Palmer e mais quatro representantes de outras tradições cristãs.

Após esse primeiro contato, Bergoglio interessou-se pela história do matrimônio "ecumênico" de Palmer – sua esposa era católica – e começaram a se encontrar para estudar a questão do seu impedimento na participação da Eucaristia, entrave que limitava a união de sua família nos dias de missa. O próprio Palmer lembra que Bergoglio escutava pacientemente sua entusiasmada discordância com as leis católicas para a prática do sacramento. Completa Palmer: Bergoglio "queria acalmar-me, converter-me em um reformista, não em um rebelde".[377] Palmer não se considerava um anglicano que encontrava um católico quando estava com o cardeal, mas se sentia um "filho espiritual" de Bergoglio.[378]

Francisco é, por excelência, alguém que promove diálogos. É essa atitude dialogal que promove um encontro genuíno e abençoador. O diálogo viabiliza a construção de novas vias, mas também a reconstrução de vias depredadas.

3.2.3. O diálogo com o judaísmo a partir da *Evangelii Gaudium*

Além de dar foco aos fatores comuns que geram mais identificação entre as duas distintas compreensões da experiência com o mesmo Deus, o papa lembra que "o diálogo e a amizade com os filhos de Israel fazem parte da vida dos discípulos de Jesus".[379] De fato, desde sua gênese, o cristianismo tem uma relação umbilical com o judaísmo e, consequentemente, uma caminhada mais longa de diálogo.

O diálogo judaico-cristão é orientado a ser vivido em forma de relação amistosa, que gere crescimento conjunto. Francisco propõe, a partir da rica complementaridade entre as duas tradições, "ler juntos os textos da Bíblia hebraica e ajudar-nos mutuamente a desentranhar as riquezas da Palavra, bem como compartilhar muitas convicções cristãs éticas e a preocupação comum pela justiça e o desenvolvimento dos povos".[380]

Uma importante atitude para a construção do diálogo autêntico é a honestidade, a sinceridade de mostrar quem somos de fato, sem renunciar – em nome de uma falsa harmonia – as nossas identidades, convicções, anseios e aspirações. Por isso, Francisco não falseia o diálogo. Ele reconhece as inegociáveis convicções

---

377. IVEREIGH, A., El gran reformador, p. 437.
378. IVEREIGH, A., El gran reformador, p. 438.
379. EG 247.
380. EG 249.

de fé que distinguem judeus e cristãos, mas não as classifica como impeditivas à relação frutífera.[381] O papa defende a verdade nas relações, sem ela os bens que foram dados como dons aos fiéis das mais variadas tradições se perdem, em nome de uma "abertura diplomática" forçada e infrutífera.[382]

Francisco propõe a atitude com a qual os fiéis católicos devem se colocar no DIR: "uma abertura na verdade e no amor".[383] Essa abertura pretende vencer os obstáculos que reduzem o potencial das religiões, como promotoras da paz e do bem-estar social. Os fundamentalismos – de ambas as partes – são apontados como um dos grandes empecilhos à ação conjunta.[384] Pelo contrário, são a causa de tantos episódios tristes da história das religiões e, portanto, da humanidade. Marcas da falta de amor e da pretensa defesa de verdades particulares que não abarcam o todo.

Na *EG*, O diálogo é confirmado como o método de Francisco para o intercâmbio com as outras experiências religiosas.[385] Os objetivos desse intercâmbio inter-religioso ficam claros: a paz no mundo, a harmonia, a amizade inter-religiosa, a justiça social, o desenvolvimento dos povos, o enriquecimento mútuo, o testemunho da(s) fé(s), a salvaguarda da liberdade religiosa, a tolerância, a defesa da dignidade humana e a guarda da criação.[386]

3.2.4. O diálogo com os muçulmanos a partir da *Evangelii Gaudium*

Francisco também advoga pela construção de relações harmoniosas entre os cristãos e os muçulmanos, essa tradição tão crescente numericamente na sociedade atual, principalmente em países europeus de tradição cristã, onde se faz vital o DIR para uma convivência pacífica. O papa parece repetir a fórmula já antes vista, de focar no que é comum e partilhado pelas religiões em diálogo, no caso do diálogo cristão-muçulmano:

> Professam seguir a fé de Abraão, e conosco adoram o Deus único e misericordioso, que há de julgar os homens no último dia. Os escritos sagrados do islão conservam parte dos ensinamentos cristãos; Jesus Cristo e Maria são objeto de profunda veneração e é admirável ver como jovens e idosos,

---

381. EG 249.
382. EG 251.
383. EG 250.
384. EG 250.
385. EG 250.
386. EG 247-258.

mulheres e homens do islão são capazes de dedicar diariamente tempo à oração e participar fielmente nos seus ritos religiosos. Ao mesmo tempo, muitos dele têm uma profunda convicção de que a própria vida, na sua totalidade, é de Deus e para Deus. Reconhecem também a necessidade de Lhe responder com um compromisso ético e com a misericórdia para com os mais pobres.[387]

O papa faz um chamado em favor da hospitalidade recíproca, em prol da acolhida de imigrantes muçulmanos em países de tradição cristã, assim como pela acolhida de imigrantes cristãos em países de tradição islâmica.[388] A crise migratória mundial está cada vez mais grave e, sem dúvida, deve ser também uma preocupação inter-religiosa, já que, além das questões políticas e humanitárias que as envolve, muitos deslocamentos forçosos estão ocorrendo por consequências de conflitos que têm um pano de fundo religioso. Esse é o caso da Síria, por exemplo. Aos países de tradição islâmica, o apelo de Francisco é enfático: "Rogo, imploro humildemente a esses países que assegurem liberdade aos cristãos para poderem celebrar o seu culto e viver a sua fé, tendo em conta a liberdade que os crentes do islão gozam nos países ocidentais".[389]

Francisco preocupa-se com o pernicioso fundamentalismo, que propaga a violência e é uma deturpação da própria essência das religiões. Francisco afirma que o "o verdadeiro islão e uma interpretação adequada do Alcorão opõem-se a toda a violência",[390] fato esse que, com amor, os cristãos devem levar em conta antes de generalizar estendendo uma reprovação para a religião muçulmana.

Apesar de não citadas na *EG*, entendemos que está incluída nesse impulso dado pelos cristãos, de um modo geral, a relação com todas as outras grandes tradições não cristãs. O bispo de Roma parte das experiências inter-religiosas mais comuns no encontro cotidiano da sociedade, por isso mais urgentes, – *grosso modo* – para abraçar as outras experiências que, mesmo representadas em menor número, são igualmente importantes.

3.2.5. Características do diálogo inter-religioso a Francisco

Depois de vermos alguns aspectos relevantes do diálogo inter-religioso em Bergoglio/Francisco, apontaremos algumas ênfases especiais na atuação do autor

---

387. EG 252.
388. EG 253.
389. EG 253.
390. EG 253.

no que tange ao propósito especial da dissertação no tema em estudo. Mas antes, tentarmos classificar em um horizonte de sentido – se é que isso pode ser feito de forma eficaz – a abordagem do Papa Francisco ao tema do DIR, tendo em vista as três principais abordagens ao tema do DIR que foram apresentadas por nós anteriormente neste trabalho – Exclusivista, Inclusivista e Pluralista.

Partindo da *EG* como base teórica da atuação de Francisco na promoção do DIR em seu pontificado, parece-nos correto afirmar que o papa está dentro do horizonte de atuação proposto pelo Concílio Vaticano II e seguido pelos papas que o antecederam, o paradigma Inclusivista, com que ficou marcada a posição oficial do Magistério da Igreja.

Para apoiar nossa observação, escolhemos utilizar o seguinte parágrafo da *EG*, destinado a falar sobre os não cristãos:

> Os não cristãos fiéis à sua consciência podem, por gratuita iniciativa divina, viver "justificados por meio da graça de Deus" e, assim, "associados ao mistério pascal de Jesus Cristo". Graças, porém, à dimensão sacramental da graça santificante, a ação divina neles tende a produzir sinais, ritos, expressões sagradas que, por sua vez, envolvem outros em uma experiência comunitária do caminho para Deus. Não têm o significado e a eficácia dos Sacramentos instituídos por Cristo, mas podem ser canais que o próprio Espírito suscita para libertar os não cristãos do imanentismo ateu ou de experiências religiosas meramente individuais.[391]

Nesse trecho da exortação, Francisco apoia-se no documento *O cristianismo e as religiões*, de 1997, da Comissão Teológica Internacional (CTI), órgão de apoio à Congregação para a Doutrina da Fé, instituído pelo Papa Paulo VI em 1969.[392] O papa cita o documento por três vezes no mesmo parágrafo, sendo essas três citações os suportes teóricos utilizados na composição.

Segue um parágrafo completo de um dos trechos do documento *O cristianismo e as religiões*, citado parcialmente por Francisco no parágrafo da *EG* referido anteriormente:

> Atualmente não é objeto de discussão a possibilidade de salvação fora da Igreja daqueles que vivem segundo sua consciência. Tal salvação, como se viu na exposição precedente, não se produz com a independência de Cristo

---

391. EG 254.
392. COMISSÃO TEOLÓGICA INTERNACIONAL., O cristianismo e as religiões, N.p.

e de sua Igreja. Funda-se na presença universal do Espírito, que não pode se desligar do mistério pascal de Jesus".[393]

O trecho correspondente apoia-se nos documentos conciliares: Constituição Pastoral *Gaudium Et Spes* (*GS*), Constituição Dogmática *Lumen Gentium* (*LG*), Declaração *Nostra Aetate* (*NA*) sobre a Igreja e as religiões não cristãs, Decreto *Ad Gentes* (*AG*) sobre a atividade missionária da Igreja e Decreto *Optatam Totius* (*OT*), sobre a formação sacerdotal.[394]

Francisco apoia-se nessas resoluções do concílio, à qual vincula-se claramente, em alguma instância, a salvação a Jesus Cristo, mesmo deixando o mistério aberto em relação ao valor das religiões em ordem à salvação, como sugere o documento *O cristianismo e as religiões*.[395] A identidade cristã de Francisco não é negada em nome de uma falsa harmonia, ela se coloca sutil e respeitosamente.

O Teólogo Victor Codina defende que os críticos que se opõem a Francisco em relação à sua atuação sociopolítica e capacidade teológica, opõem-se na verdade ao Concílio Vaticano II, já que sua práxis está intimamente em acordo com as resoluções do concílio e com a reforma da Igreja proposta por João XXIII.[396] Queremos assumir tal parecer em relação às atitudes inter-religiosas de Francisco, pois como tentamos demonstrar, o atual papa guia-se pelas formulações do santo concílio. Talvez, incomode o fato de que Francisco demonstre menos angústia e inquietude em relação aos não cristãos, o que não lhe rouba o ardor missionário. Allan F. Deck acredita que esta "forte orientação ecumênica e inter-religiosa é nutrida pela insistência do Papa Francisco na noção de que o povo fiel de Deus na história constitui uma comunhão na diversidade, nas diferenças, ao invés de uma uniformidade".[397]

Importante contribuição para enfatizarmos as marcas das relações inter-religiosas de Francisco nos dá D. Miguel Ángel Ayuso Guixot, secretário do Pontifício Concílio para o Diálogo inter-religioso: "...podemos dizer que, através do diálogo de Paulo VI com o mundo, o diálogo de João Paulo II pela paz, e o diálogo da caridade na verdade Bento XVI, chegamos, em cinquenta anos, ao desafio do 'diálogo da fraternidade', anunciado por Francisco."[398]

---

393. COMISSÃO TEOLÓGICA INTERNACIONAL., O cristianismo e as religiões, N.p.

394. Ver: GS 22; LG 16; NA 2; AG 11; OT 16.

395. COMISSÃO TEOLÓGICA INTERNACIONAL., O cristianismo e as religiões, N.p.

396. CODINA, V., Os opositores à Igreja de Francisco, N.p.

397. DECK, A. F., Francisco, p. 212.

398. GUIXOT, M. A. A., O diálogo inter-religioso no ensinamento do Papa Francisco a serviço da Paz, p. 1.

Guixot distingue as ênfases características dos diálogos propostos pelos papas do pós-concílio, destacando o "diálogo da fraternidade" como desafio colocado por Francisco. Sem dúvida, essa ênfase relacional do diálogo perpassa toda a trajetória do papa e propomos como um elemento de autenticidade que confere a continuidade entre Bergoglio e Francisco no tocante ao diálogo inter-religioso.

A busca por relações de amizade e respeito são marcas do DIR, segundo Francisco. Em seu discurso na plenária para o Pontifício Conselho para o Diálogo Inter-religioso, no dia 28 de novembro de 2013, Francisco afirma: "A Igreja Católica está consciente do valor que reveste a promoção da amizade e do respeito entre homens e mulheres de diversas tradições religiosas".[399]

Francisco descreve o diálogo como "muito mais do que a comunicação de uma verdade. Realiza-se pelo prazer de falar e pelo bem concreto que se comunica através das palavras entre aqueles que se amam".[400] Paulo Suess compreende que o "diálogo, segundo Francisco, exige um cenário próprio: encontro, proximidade, escuta recíproca, silêncio, empatia, caminhar juntos".[401] O diálogo para Francisco não é uma comunicação distante, um monólogo estéril, é proximidade gozosa. É antes uma disposição em amar o outro, sem que as ideias discordantes sejam barreiras separatórias.

Não poderíamos esquecer de enfatizar a busca pelo estabelecimento da Paz como ênfase do diálogo inter-religioso em Francisco. Na própria *EG*, lembramos que o diálogo entre Igreja e sociedade – aqui incluem-se o diálogo com as ciências empíricas, culturas e religiões não cristãs – tem como principal objetivo a contribuição para a paz, como propõe o título da sessão: *O diálogo social como contribuição para a paz*.[402] As muitas viagens apostólicas de Francisco podem elucidar bem essa proposta de paz.

Um marco para a busca do diálogo pela paz é o Documento sobre a *Fraternidade Humana* em prol da paz mundial e convivência comum, de 4 fevereiro de 2019, assinado pelo Francisco e pelo líder muçulmano Grão Imame de Al-Azhar Ahmad Al-Tayyeb. Resultado da prática do diálogo inter-religioso, o documento não parte de abstrações ou debates infrutíferos, nem mesmo busca clarear as discordâncias de crença entre as tradições religiosas envolvidas. Francisco e Al-Tayyeb partem de situações concretas, questões comuns que afligem os seres hu-

---

399. FRANCISCO, PP., Discurso do papa Francisco aos participantes na plenária do Pontifício Conselho para o Diálogo Inter-religioso, N.p.

400. EG 142.

401. SUESS, P., Dicionário da *Laudato Si'*, p. 72.

402. EG 238-258.

manos espalhados pelo mundo. O acordo faz coro aos documentos internacionais "que destacam a importância do papel das religiões na construção da paz",[403] que visam salvaguardar a dignidade de cada pessoa, defendendo os direitos humanos muitas vezes violados, até mesmo sob legitimação religiosa, ou melhor, pelo mau uso da religião para fins políticos e econômicos.

Como outro exemplo da proposição anterior, podemos apontar a viagem realizada até a Terra Santa em maio de 2014, por ocasião do 50º aniversário do encontro em Jerusalém entre o Papa Paulo VI e o Patriarca Atenágoras. Nessa viagem encontrou-se com o patriarca ecumênico de Constantinopla Bartolomeu e com outros líderes religiosos judeus e muçulmanos. Na declaração conjunta, assinada por Francisco e Bartolomeu, estão as seguintes palavras: "Estamos convencidos de que não são as armas, mas o diálogo, o perdão e a reconciliação, os únicos meios possíveis para alcançar a paz".[404]

Outra característica marcante em Francisco é a sua capacidade de comunicação através de gestos e imagens. Suas atitudes carregam uma penetração e atratividade que dá imenso "testemunho de uma vida humana, assim como de uma de fé vivida com profundidade e com entusiasmo".[405] Allan F. Deck nos lembra um exemplo do que queremos sinalizar: "A fotografia na qual ele lava os pés das mulheres, dentre elas uma mulher muçulmana, foi provavelmente uma maneira mais eficaz de comunicar o Evangelho do que uma encíclica papal inteira sobre o diálogo inter-religioso".[406]

Como papa, Francisco vem ampliando o potencial do DIR. Através do diálogo podemos ver os mais diversos objetivos sendo buscados em seu pontificado: estabelecer a Cultura do Encontro, fomentar um clima de fraternidade universal, contribuir para o estabelecimento da paz na sociedade, combate ao antissemitismo e a todo tipo de violência e intolerância religiosa, de violência contra a mulher e a criança, a defesa pela vida humana e pela sua inalienável dignidade, desagudizar as desigualdades sociais, defesa dos mais pobres e dos refugiados, promover o cuidado com a Criação de Deus etc. Sobre a questão ecológica, a *LS* de Francisco pode oferecer um elemento novo para o DIR, muito desafiador dada a urgência do chamado. Tentaremos apresentar tal desafio na próxima e última parte do nosso trabalho.

---

403. FRANCISCO, PP.; AL-TAYYEB, A., Documento sobre a Fraternidade Humana em prol da paz mundial e da convivência comum, N.p.

404. FRANCISCO, PP.; BARTOLOMEU., Declaração conjunta do papa Francisco e do patriarca ecumênico Bartolomeu, p. 8.

405. DECK, A. F., Francisco, p. 132.

406. DECK, A. F., Francisco, p. 132.

3.3. As contribuições da *Laudato Si'* de Francisco para o diálogo inter-religioso

Entraremos agora na última etapa da pesquisa, na qual exploraremos a Carta Encíclica *Laudato Si'* em busca de contribuições para o diálogo inter-religioso. Nossa tese inicial é de que na *LS*, apesar de não ser uma obra exclusivamente voltada para o DIR, Francisco introduz um aspecto novo e desafiador ao DIR, o que nos permitirá propô-la como obra de referência para a temática.

3.3.1. Introdução à Carta Encíclica *Laudato Si'*

Datada do dia 24 de maio de 2015, a Carta Encíclica *Laudato Si'*, de autoria do Papa Francisco, está inserida no magistério social da Igreja Católica.[407] O que isso significa? Indica que a carta versará sobre problemas ou questões vinculadas à sociedade e faz parte de um corpo doutrinário iniciado com a publicação da *Rerum Novarum* do papa Leão XIII, de 1891.[408] Agenor Brighenti ressalta que o motivo dessa intervenção da Igreja nos assuntos que dizem respeito à sociedade não é de ordem ideológica ou partidária, "mas deriva da missão recebida de Jesus Cristo. Como a Igreja é a mediação da salvação da pessoa inteira e de todas as pessoas, a mensagem revelada incide também sobre a vida econômica, política, social, cultural e a ecológica".[409] A fé cristã é um chamado ao compromisso social.

Não foi a primeira vez que o Magistério da Igreja Católica tratou do tema ecológico. Na própria *LS*, Francisco cita seus antecessores e algumas de suas contribuições acerca da questão durante seus pontificados.[410] Mesmo assim, a *LS* trouxe novidade em sua abordagem sobre o tema. Leonardo Boff, teólogo da Libertação e autor de inúmeras obras sobre a questão ambiental, atesta tal singularidade: "É a primeira vez que o magistério pontifício aborda de forma tão cabal e extensa a questão ecológica".[411]

A *LS* apresenta uma evolução significativa no pensamento ecológico da Igreja Católica representado nos onze escritos que compõem o escopo do magistério social pontifício,[412] sendo a primeira a tratar exclusivamente do tema.

---

407. LS 15.

408. BRIGHENTI, A., A *Laudato Si'* no pensamento social da Igreja, p. 11.

409. BRIGHENTI, A., A *Laudato Si'* no pensamento social da Igreja, p. 12-13.

410. Francisco cita respectivamente os esforços dos papas: João XXIII, Paulo VI, João Paulo II e Bento XVI. Confira os parágrafos: LS 3-6.

411. BOFF, L., A encíclica do Papa Francisco não é "verde", é integral, p. 15.

412. As onze encíclicas que antecederam a *LS*, em ordem cronológica, são: *Rerum Novarum* (1890) do papa Leão XIII; *Quadragesimo Anno* (1931) do papa Pio XI; *Mater et Magistra* (1961) e *Pacem in Terris* (1963) do

Chama a atenção para a importância de tal documento, a pertinência atual dos assuntos abordados por Francisco na encíclica. O principal tema da encíclica é o cuidado com a *casa comum*, levantando um diálogo aberto com todos os habitantes do planeta Terra, em torno da alarmante crise ecológica que nossa sociedade está vivendo. A encíclica apresenta essa grande preocupação com a crise socioecológica atual e tem como um dos seus objetivos alertar a todos os seres humanos para a importância do cuidado integral com a criação de Deus – com a natureza e todos os seres vivos que habitam este planeta – para viabilizar o futuro da nossa "casa comum" e das próximas gerações da família humana.[413]

Seu título corresponde às primeiras palavras da carta e carrega grande significado e denúncia, tendo sido inspirado no cântico de São Francisco de Assis, "*Laudato Si´, mi Signore* – Louvado sejas, meu Senhor".[414] Nós, homens e mulheres, com o nosso estilo predatório de viver, estamos impedindo os seres vivos – inclusive os seres humanos – de darem louvor ao seu Criador, de viverem segundo o propósito designado por Deus.[415]

A carta vem a propósito de uma visão ecológica integral, e o faz de forma tão abrangente que disserta sobre seus aspectos econômicos, políticos, antropológicos, sociais, teológicos, entre outros. Francisco convida todas as instâncias da sociedade para contribuírem através dos seus saberes distintos, "cada um a partir da sua cultura, experiência, iniciativa e capacidades".[416]

A *LS* contém 246 parágrafos e está dividida em seis capítulos, sobre o quais proporemos uma possível leitura temática.

3.3.2. Uma proposta de leitura da *Laudato Si'*

É possível perceber traços marcantes das teologias latino-americanas na *LS*, por exemplo, o método "ver-julgar-agir" pode ser aplicado à divisão do conteúdo, opção preferencial pelos pobres (OPP), bastante marcada pela Teologia da Libertação (TdL) e a revalorização das culturas dos povos originários, conhecido traço da *Teología del Pueblo*, ramo da TdL aplicado à realidade argentina, traço que muito influenciou a formação de Francisco. João Décio Passos entende que

---

papa João XXIII; *Populorum Progressio* (1967) e *Octagésima Adveniens* (1971) do papa Paulo VI; *Laborem Exercens* (1981), *Sollicitudo Rei Socialis* (1987) e *Centesimus Annus* (1991) do papa João Paulo II e *Caritas in Veritate* (2009) do papa Bento XVI.

413. LS 159-162.
414. LS 1.
415. LS 2.
416. LS 14.

de fato na LS, pelo seu método, "ver-julgar-agir" "oferecem o percurso da compreensão e da prática ética".[417]

Agenor Brighenti inclui um outro momento à trilogia "ver-julgar-agir" como parte do método performativo da mensagem contida na LS. Ele observa que Francisco inclui o "celebrar", o que nos permite fazer "uma leitura global do texto, a partir de quatro chaves de leitura"[418]: o "ver", olhar para a realidade, compreende a visão da constatação da degradação socioecológica, "escutar o grito da terra, grito dos pobres"; o "julgar", que é fazer uma análise da situação que se apresenta diante de nós, pode ser resumido na necessidade de "superar o antropocentrismo e a tecnocracia"; o "agir", como momento essencial, de "fazer a verdade" à luz da fé, onde os dois processos anteriores não se perdem apenas no dado informativo, mas são base para uma ação adequada. Esse momento, Brighenti resume em "unir-se para promover uma ecologia integral"; por último, o "celebrar", como "a necessidade de uma conversão ecológica".[419]

A LS é tão rica, aborda tantos assuntos reais, que nos permite diversos tipos de leitura, dando enfoques diferentes e ênfases particulares. Há o ponto positivo: a carta abraça um leque de interlocutores bastante amplo. Também há riscos, principalmente o de uma leitura inadequada da carta do papa, forçando-a a "dizer" o que não se pretendeu. Proporemos agora uma leitura temática da LS, percorrendo alguns temas transversais que não por acaso estão em toda a encíclica.

Os seis capítulos da LS possuem metodologias específicas, abordagens e temáticas próprias.[420] Apesar disso, alguns eixos perpassam toda a carta e são retomados e aprofundados vez por outra em cada capítulo. Francisco destacou-os:

---

417. PASSOS, J. D., Aspectos metodológicos da Encíclica *Laudato Si'*, p. 93.

418. BRIGHENTI, A., A *Laudato Si'* no pensamento social da Igreja, p. 69.

419. BRIGHENTI, A., A *Laudato Si'* no pensamento social da Igreja, p. 69-81.

420. Agenor Brighenti os sintetiza da seguinte maneira: "Capítulo 1: faz uma análise da situação da ecologia, recolhendo os dados disponíveis em pesquisas e estudos científicos; Capítulo 2: caracteriza a vocação em relação ao Criador e à obra da Criação, em especial a partir dos relatos da Criação no Livro de Gênesis, apontando para o antropocentrismo moderno como a raiz do pecado da agressão à natureza; Capítulo 3: mostra como a tecnocracia sequestrou a ciência e a técnica, em função de um economicismo desconectado tanto do ser humano quanto da natureza, que contribui para o consumismo e a cultura do descarte, sem levar em conta os limites dos recursos naturais; Capítulo 4: constitui o coração da Encíclica, apresentando a proposta de uma "ecologia integral", que inclua as dimensões humanas e sociais, intrinsicamente ligadas com a questão ambiental; Capítulo 5: apresenta linhas de ação, buscando um consenso através do diálogo honesto em todos os níveis da vida social, econômica e política, que redunde em processos de decisão em torno de iniciativas concretas, capazes de salvar o planeta; Capítulo 6: mostra que, para uma "conversão ecológica", faz-se necessária uma "espiritualidade ecológica", que deve impregnar a cultura e, especialmente, processos de educação para o cuidado da "casa comum". BRIGHENTI, A. A *Laudato Si'* no pensamento social da Igreja, p. 10.

A relação íntima entre os pobres e a fragilidade do planeta, a convicção de que tudo está estreitamente interligado no mundo, a crítica do novo paradigma e das formas de poder que derivam da tecnologia, o convite a procurar outras maneiras de entender a economia e o progresso, o valor próprio de cada criatura, o sentido humano da ecologia, a necessidade de debates sinceros e honestos, a grave responsabilidade da política internacional e local, a cultura do descarte e a proposta de um novo estilo de vida. Estes temas nunca se dão por encerrados nem se abandonam, mas são constantemente retomados e enriquecidos.[421]

Olhando atentamente para os eixos transversais e para a maneira como eles estão articulados na *LS*, é possível perceber um chamado à renovação da humanidade e do sentido de ser humano: com os outros humanos, com as outras criaturas e com o Criador.

3.3.2.1. As raízes da crise ecológica descritas na *Laudato Sí'*

A *LS* expõe com muita propriedade o panorama da crise ecológica global, especialmente por assumir como base analítica o que há de melhor na pesquisa científica atual.[422] Não aprofundaremos a questão da crise nos termos das ciências empíricas, entretanto, assumiremos seus argumentos como dados facilmente constatáveis em nossa experiência cotidiana, como assevera Francisco: "basta, porém, olhar a realidade com sinceridade, para ver que há uma grande deterioração da nossa casa comum".[423] Não se faz necessário, por exemplo, um convencimento argumentativo com dados cientificamente comprovados para concordarmos que estamos poluindo nossas águas e ar por consequência do estilo de vida das sociedades nas grandes cidades.

O Papa Francisco, logo no início da *LS*, afirma que a criação "clama contra o mal que lhe provocamos por causa do uso irresponsável e do abuso dos bens que Deus nela colocou",[424] o que já denuncia os causadores da grande crise ecológica à qual se refere: nós, seres humanos. As linhas que seguem este início da carta nos convocam a reconhecer a nossa culpa neste processo destrutivo, pois todos, de uma forma ou de outra, contribuímos para o estágio alarmante que nos encontramos, que ameaça a vida em seus diversos aspectos.[425]

---

421. LS 16.
422. LS 15.
423. LS 61.
424. LS 2.
425. LS 8.

Fazendo uma associação da constituição biológica do ser humano com os elementos que compõem o planeta Terra, simbologia retirada das riquezas teológicas que o Livro de Gênesis (Gn 2,3) oferece, o papa começa a tecer uma linha de pensamento que interliga o ser humano com o restante da criação de Deus. Desta forma, a má relação humano-ecológica é colocada como a causa do sofrimento da Terra, relação essa que se dá por consequência do coração em pecado, distante de Deus e de seu plano original.[426]

No capítulo II da Encíclica, Francisco oferece uma abordagem teológica da crise ecológica, uma ruptura na relação do ser humano com Deus, e, consequentemente, com a Sua criação:

> Segundo a Bíblia, estas três relações vitais romperam-se não só exteriormente, mas também dentro de nós. Esta ruptura é o pecado. A harmonia entre o Criador, a humanidade e toda a criação foi destruída por termos pretendido ocupar o lugar de Deus, recusando reconhecer-nos como criaturas limitadas. Este fato distorceu também a natureza do mandato de "dominar" a terra (Gn 1,28) e de a "cultivar e guardar" (Gn 2,15). Como resultado, a relação originariamente harmoniosa entre o ser humano e a natureza transformou-se num conflito (Gn 3,17-19).[427]

Assim, a plena relação com o Criador, com os outros seres humanos, e com as outras criaturas e coisas criadas por Deus, constitui a perfeita realização do ser humano. A encíclica sugere como grande raiz da crise ecológica, e consequente sofrimento eco-humano, a falha do ser humano em sua atribuição primeira enquanto criatura de Deus, criada com o propósito de se relacionar com amor e harmonia com a criação, exercendo domínio responsável de tudo que lhe foi confiado por Deus. Dito em outras palavras, no centro da crise se encontra o fato do ser humano ter falhado em ser humano. O capítulo III da Encíclica – "A raiz humana da crise ecológica"[428] – descreve com detalhes os empecilhos do nosso tempo presente que têm afastado o ser humano do seu modelo ideal.

A raiz da crise ecológica está no interior dos homens e mulheres feitos imagens de Deus: "a violência, que está no coração humano ferido pelo pecado, vislumbra-se nos sintomas de doença que notamos no solo, na água, no ar e nos seres vivos".[429] As provas de nossas mazelas interiores estão impressas exteriormente,

---

426. LS 2.
427. LS 66.
428. LS 101-136.
429. LS 2.

uma vez contatado que "os desertos exteriores se multiplicam no mundo, porque os desertos interiores se tornaram tão amplos".[430]

Por isso, Francisco nos faz o alerta de que essa crise ecológica é um chamado à conversão interior. Mais ainda, um chamado aos cristãos para assumirem todas as consequências do verdadeiro "encontro com Jesus", sem faltar-lhes uma "conversão ecológica", que os permita viver a relação plena com a criação,[431] reconhecendo "os próprios erros, pecados, vícios ou as negligências, e arrepender-se de coração, mudar a partir de dentro".[432]

Vale lembrar que esta quebra de relação e evidente falha na missão de cuidar da Terra não causa apenas o sofrimento da natureza criada por Deus, mas também do próprio causador. Estamos colocando em risco a própria vida humana no planeta, causando "mudanças climáticas; extinção de espécies; diminuição da camada de ozônio; acidificação dos oceanos; erosão dos ciclos de fósforo e nitrogênio; abusos no uso da terra, como desmatamentos; escassez de água doce".[433]

Francisco defende que os mais pobres são os que mais sofrem as consequências da crise ecológica. Invertendo a ordem de associação de Francisco – sem causar nenhum prejuízo à sua lógica: somados à sofredora Mãe Terra estão os mais vulneráveis e fragilizados da história, os pobres.

3.3.2.2. A íntima relação entre os pobres e a fragilidade da Mãe Terra

Francisco entende que há conexão entre o descaso com os pobres e a terra maltratada, afirmando que "entre os pobres mais abandonados e maltratados, conta-se a nossa terra oprimida e devastada, que 'geme e sofre as dores do parto' (Rm 8,22)".[434] Assim como as marcas da indignidade humana a que foram submetidos os marginalizados pela sociedade estão evidentes nos moradores de rua, que não têm recursos para cuidar de suas necessidades mais básicas, das famílias que passam fome e outros problemas, as marcas da desumanização e da banalização do descuido e da destruição estão impressas na natureza que nos acolhe e dá morada.

---

430. LS 217.
431. LS 217.
432. LS 218.
433. MURAD, A. T.; TAVARES, S. S., Cuidar da casa comum, p. 17. Sobre o Antropoceno, ver: ROCKSTRÖM, J., A safe operating space for humanity, p. 472-475. Ver também: CRUTZEN, P.J., The "Anthropocene", p. 13-18.
434. LS 2.

Francisco recorre à sabedoria bíblica contida no relato da criação nas Escrituras Sagradas, e, à luz da fé, contribui com seu parecer em favor da dignidade eco-humana, por serem criações boas de Deus.[435] Essa dignidade deve ser resgatada, pois o desequilíbrio das relações humanas e a exploração indevida da terra – não como cuidadores, mas como dominadores inescrupulosos – constituem a raiz da grande crise ecológica dos nossos dias como afirmamos anteriormente.

Mais adiante na carta, Francisco volta a mencionar a estreita relação entre os pobres – empobrecidos pelo sistema socioeconômico – e a terra saqueada e abusada. O papa afirma que nos dias de hoje "uma verdadeira abordagem ecológica sempre se torna uma abordagem social, que deve integrar a justiça nos debates sobre o meio ambiente, para ouvir tanto o clamor da terra como o clamor dos pobres".[436]

Francisco faz a defesa do pobre em vista da igualdade social, o que fica evidente quando afirma que "O rico e o pobre têm igual dignidade, por que 'quem os fez a ambos foi o Senhor' (Pr 22,2); 'Ele criou o pequeno e o grande' (Sb 6,7)".[437]

O papa faz menção honrosa àqueles que lutam para suavizar as consequências da degradação ambiental que recaem, sobretudo, nos mais pobres.[438] Quando lembrou da poluição, resíduos e cultura do descarte, o papa também sublinhou que os pobres são os mais atingidos por esta degradação,[439] assim como na questão das migrações de povos inteiros – pobres – por terem seus recursos produtivos afetados pelas mudanças climáticas.[440] Em diversos outros parágrafos Francisco ergue a sua voz em favor dos silenciados pela sociedade, até mesmo pelos países desfavorecidos economicamente,[441] e outras pelos excluídos em geral.[442]

Com propriedade, o bispo de Roma no capítulo IV da encíclica ecológica chama a atenção para a criatividade que os pobres têm em reverter as adversidades

---

435. LS 62-67.

436. LS 49. Neste ponto, a encíclica se assemelha muito com a preocupação ecológica de Leonardo Boff, quando também – entre outras familiaridades – aponta para o sofrimento humano relacionado a esta causa: o clamor da natureza que sofre está associado ao grito do ser humano que sofre. Uma das diferenças em relação à obra de Leonardo Boff estão nos novos desdobramentos e nas novas consequências da má relação do homem com a natureza, apresentadas na carta de Francisco, o que é compreensível dada a distância cronológica entre as obras e o progressivo descuido ecológico. Conferir: BOFF, L., Dignitas terrae, 1995.

437. LS 94.

438. LS 13.

439. LS 20.

440. LS 25.

441. LS 52.

442. LS 49.

impostas pelos limites de seus ambientes e pela ecologia humana que conseguem desenvolver nas suas relações cordiais, o que lhes confere pertença, convertendo o inferno da difícil rotina em vida digna.[443] Vale registrar que estas realidades Bergoglio pôde experimentar de perto nas vilas de miséria próximas à arquidiocese de Buenos Aires.[444]

De forma mais contundente, ao tratar da busca pelo bem comum, Francisco externa em forma de apelo a necessidade de se fazer a opção preferencial pelos pobres (OPP):

> Nas condições atuais da sociedade mundial, onde há tantas desigualdades e são cada vez mais numerosas as pessoas descartadas, privadas dos direitos humanos fundamentais, o princípio do bem comum torna-se imediatamente, como consequência lógica e inevitável, um apelo à solidariedade e uma opção preferencial pelos mais pobres.[445]

Para rechaçar qualquer mal-entendido, fica a nota de que o papa não rejeita as pessoas que compõem as outras camadas sociais, mas tenta trazer a consciência de que o sofrimento dos pobres afeta o equilíbrio do todo, a harmonia da família humana que se encontra em total colapso e divisão. Francisco não é um opositor das classes privilegiadas economicamente, à medida que esses não renunciem ao cuidado dos mais frágeis.

Francisco não dispensa de responsabilidade as camadas mais pobres da sociedade na questão ecológica, mas como os silenciados e menos poderosos estão claramente cerceados de decidirem nas instâncias maiores da política ou do mercado, deles não dependem os novos rumos que a sociedade deve trilhar para a superação da triste realidade atual. Fica facilmente constatável que, assim como afirma diversas vezes o papa na *Laudato Sí*", todos sofrem com esta crise ecológica, pois esta é também e ao mesmo tempo uma crise socioeconômica, cujas consequências afetam mais fortemente os fragilizados: os pobres e a terra.

3.3.2.3. A *Laudato Sí'* e sua visão sistêmica da realidade

Uma das linhas de pensamento que corta toda a encíclica é a constatação de que: "tudo está interligado".[446] O que Francisco propõe é que há uma teia de relações as quais estamos ligados, somos interdependentes e, por exemplo, qualquer

---

443. LS 148.
444. SCANNONE, La Teología del Pueblo, p. 198.
445. LS 158.
446. LS 138.

violência contra a Criação, seja contra a natureza ou contra a vida dos animais e humanos, sempre afetará o todo. Como tudo está interligado, se faz preciso pensar mais amplamente, nas implicações para o todo:

> Nunca é demais insistir que tudo está interligado. O tempo e o espaço não são independentes entre si; nem os próprios átomos ou as partículas subatômicas se podem considerar separadamente. Assim como os vários componentes do planeta – físicos, químicos e biológicos – estão relacionados entre si, assim também as espécies vivas formam uma trama que nunca acabaremos de individuar e de compreender. Boa parte da nossa informação genética é compartilhada por muitos seres vivos. Por isso, os conhecimentos fragmentários e isolados podem tornar-se uma forma de ignorância, quando resistem a integrar-se numa visão mais ampla da realidade.[447]

É essa visão do todo interligado e da evidente desarmonia das partes que compõem o todo, que a busca de diálogo com todos surge como potencial solução. Se o problema foi causado por todos e colhemos as consequências do nosso modo de viver em sociedade. Completa Leonardo Boff: "é essa cosmologia (conjunto de ideias, valores, projetos, sonhos e instituições) que leva o papa a elaborar a encíclica totalmente dentro do novo paradigma cosmológico e ecológico, sendo o qual *tudo é relação e todos os seres são interligados*".[448]

Portanto, não serão os esforços individuais aqui ou ali que resolverão a questão – apesar de serem bem-vindos – mas a junção de forças em prol dos mesmos ideais. Para confirmar esta ideia, Francisco cita Romano Guardini:

> As exigências desta obra serão tão grandes, que as possibilidades das iniciativas individuais e a cooperação dos particulares, formados de maneira individualista, não serão capazes de lhes dar resposta. Será necessária uma união de forças e uma unidade de contribuições.[449]

É um verdadeiro chamado à construção de uma *solidariedade universal*.[450] Francisco insiste que todos devem colaborar para "sair da espiral de autodestruição, onde estamos afundados".[451] E é propondo o diálogo que o papa oferece o espaço para a contribuição dos outros na construção de um mundo melhor. Sua

---

447. LS 138.
448. BOFF, L., A encíclica do Papa Francisco não é "verde", é integral, p. 20.
449. LS 119.
450. LS 14.
451. LS 163.

proposta principal é a construção de uma *ecologia integral* e o conceito-guia que está na base dessa nova proposta ecológica é de que *tudo está interligado*.[452]

3.3.2.4. O conceito de Ecologia Integral

A carta encíclica sobre o cuidado da casa comum não se limita a ser uma carta "verde", mero ambientalismo, ou apenas uma tentativa de oferecer caminhos para uma nova vida ecológica, ela aborda integralmente o tema.[453] Essa é uma das novidades que marca a carta, o Papa Francisco empreende uma virada "no discurso ecológico ao passar da ecologia ambiental para a ecologia integral".[454]

O capítulo IV da carta (*LS* 137-162) explora mais amplamente a proposta de uma ecologia integral segundo Francisco: "proponho que nos detenhamos agora a refletir sobre os diferentes elementos de uma ecologia integral, que inclua claramente as dimensões humanas e sociais".[455]

As abordagens anteriores feitas pelo magistério pontifício sobre o tema da ecologia apresentam conceitos que foram sendo ampliados gradativamente:

> De um conceito de ecologia que poderíamos denominar "criacional" – o ser humano, Senhor da Criação –, presente no magistério anterior ao Vaticano II, a *Gaudium et Spes*, precedida pela *Pacem in Terris* de João XXIII, bem como o magistério de Paulo VI tematizam a questão nos moldes de uma "ecologia ambiental". O novo conceito mostra os laços intrínsecos existentes entre natureza, ser humano e a humanidade como um todo, com a consequente exigência de se pensar nas condições de vida no presente e a sobrevivência das gerações futuras. Na sequência, os magistérios de João Paulo II e Bento XVI amplia ainda mais a compreensão, tematizando o conceito de "ecologia humana" para além de uma concepção de ecossistema como "meio ambiente".[456]

Seus antecessores, durante o exercício do papado, já haviam alertado sobre uma organização da economia vigente geradora de males ecológicos. Agora, Francisco propõe que a "própria Ecologia inclui necessariamente as dimensões sociais e econômicas".[457]

---

452. FRANCISCO, PP., Discurso do Papa Francisco aos participantes na Conferência Internacional por ocasião do 3° aniversário da Encíclica *Laudato Si'*, N.p.
453. BOFF, L., A encíclica do Papa Francisco não é "verde", é integral, p. 15.
454. BOFF, L., A encíclica do Papa Francisco não é "verde", é integral, p. 19.
455. *LS* 137.
456. BRIGHENTI, A., A *Laudato Si'* no pensamento social da Igreja, p. 35 e 36.
457. BARROS, M., Convite para unir terra e céu, p. 179.

O que segue em Francisco é uma reflexão que abrange a ecologia ambiental – superando a visão reducionista de que a natureza é mera moldura da realidade[458] – e inclui novas perspectivas com as ecologias econômica, social, cultural, da vida cotidiana e humana, que são inseparáveis "da noção de bem comum"[459] e da justiça intergeracional. Sintetizaremos essa nova perspectiva recorrendo às passagens correspondentes da LS:

1) Ecologia econômica: "é necessária uma ecologia econômica, capaz de induzir a considerar a realidade de forma mais ampla. Com efeito, 'a proteção do meio ambiente, deverá constituir parte integrante do processo de desenvolvimento".[460] 2) Ecologia social: o papa linka a saúde ambiental à necessária saúde das instituições de uma sociedade, que influem diretamente na questão ecológica.[461] Cita o documento Caritas in Veritate: "toda a lesão da solidariedade e da amizade cívica provoca danos ambientais".[462] 3) Ecologia cultural: não se pode excluir o dinamismo da cultura dos povos quando pensamos na ecologia, já que a ecologia também envolve "o cuidado das riquezas culturais da humanidade, no seu sentido mais amplo. Mais diretamente pede que se preste atenção às culturas locais, quando se analisam questões relacionadas com o meio ambiente, fazendo dialogar a linguagem técnico-científica com a linguagem popular".[463] 4) Ecologia da vida cotidiana: "Para se poder falar de autêntico progresso, será preciso verificar que se produza uma melhoria global na qualidade de vida humana".[464] Nossa maneira de sentir e experimentar a vida passam pelo ambiente que vivemos, não podemos, portanto, negligenciar esses espaços onde a vida acontece diariamente.

A encíclica é um verdadeiro instrumento educativo que conduz neste processo de absorção dessa visão integral da vida: "a análise dos problemas ambientais é inseparável da análise dos contextos humanos, familiares, laborais, urbanos, e da relação de cada pessoa consigo mesma, que gera um modo específico de se relacionar com os outros e com o meio ambiente".[465]

Há urgência no chamado à construção de uma mentalidade voltada para o bem do todo e defesa da vida, de uma trama de relações fraternas capazes de re-

---

458. LS 139.
459. LS 156.
460. LS 141.
461. LS 142.
462. CV 51.
463. LS 143
464. LS 147.
465. LS 141.

fundar as bases das relações inter-humanas e humano-ecológicas. Como alerta-nos Élio Estanislau Gasda em consonância com a *LS*: "o estilo de vida atual – insustentável – desembocará em catástrofes no presente e no futuro. Necessitamos de uma educação ambiental que crie mentalidades e posturas do ser humano com a casa comum".[466] Será necessária uma verdadeira reorientação global da nossa maneira de ser com o mundo.

3.3.3. O diálogo inter-religioso na *Laudato Si'*

Feita uma leitura da *LS* e de seus múltiplos apelos em favor da nossa *casa comum*, que podem ser sintetizados na busca pela construção de uma ecologia integral, daremos atenção agora aos diálogos abertos pelo papa na encíclica e, especialmente no chamado feito à participação das religiões, seus representantes e adeptos na causa ecológica. Francisco – como lhe é característico – propõe um amplo diálogo com todas as pessoas, instâncias e instituições que compõem a sociedade.

3.3.3.1. Os diálogos propostos na *Laudato Si'*

A intenção de dialogar com todos é bem clara na *LS*: "nesta encíclica, pretendo especialmente entrar em diálogo com todos acerca da nossa casa comum".[467] O papa lança um "convite urgente a renovar o diálogo sobre a maneira como estamos construindo o futuro do planeta".[468] Interessante observar que Francisco se inclui no problema, não se coloca de fora ao denunciar, mas identifica-se com seus interlocutores, já que todos somos culpados em algum grau e ao mesmo tempo somos os únicos possíveis agentes de transformação.

Analisando a *LS*, observa-se o quanto a palavra-atitude "diálogo" é utilizada 23 vezes em toda a encíclica, sendo que o capítulo V foi inteiramente à ação do diálogo. Mais do que um capítulo destinado aos diversos diálogos necessários para que uma nova realidade seja instaurada, é possível perceber que os diálogos não estão presentes apenas em partes explicitamente separadas para eles – como por exemplo, no já citado capítulo V –, todo o conjunto da *LS* é dialogal.

Francisco tem uma palavra para dar e se coloca em posição de escuta.[469] Não pretende que a sua palavra seja a única e definitiva, mas uma importante

---

466. GASDA, E. E., Doutrina Social, p. 28 e 29.
467. LS 3.
468. LS 14.
469. LS 63.

contribuição segundo a sua capacidade e alcance, habilitado para cooperar com os outros muitos saberes indispensáveis para a solução de um problema tão complexo.[470] Dentre as suas contribuições está a justa hermenêutica das Sagradas Escrituras, que viabilizam uma atitude de cuidado segundo o querer e plano divino.[471]

Dentre as características inequívocas dos textos de Francisco, o diálogo com as diversas fontes – que não fazem parte do patrimônio teórico da Igreja Católica – pode ser um dos aspectos mais marcantes de abertura dialogal da LS.

Seus interlocutores são os mais variados: o diálogo com pensadores seculares, alguns dos segmentos filosóficos e científicos, que permitem uma melhor visualização da situação da vida do e no planeta em seus variados aspectos; o texto dá voz a filósofos latino-americanos, como Marcelo Perine (Brasil) e Scannone (Argentina), e à Carta da Terra e à Declaração do Rio 1992, documentos de entidades civis, que também ganham "voz"; uma grande novidade para os documentos do Magistério é o diálogo explícito com pensadores não católicos e até religiosos de tradições não cristãs, por exemplo, o místico sufista Ali Al-Khawwas e o convidado de honra, Bartolomeu I, patriarca ortodoxo de Constantinopla; o diálogo interno, com magistérios locais, como já tinha realizado na EG.[472]

O diálogo com as – e em defesa das – culturas dos povos também é uma marca da LS. Francisco desaprova a ideia de homogeneização da cultura e, reconhecendo a complexidade da realidade, rejeita soluções técnicas e simplistas que venham a sublimar ou desconfigurar as culturas. O papa faz defesa ao respeito pela pluralidade cultural, o direito de ser de cada ser humano dentro do seu horizonte de sentido:

> É preciso assumir a perspectiva dos direitos dos povos e das culturas, dando assim provas de compreender que o desenvolvimento de um grupo social supõe um processo histórico no âmbito de um contexto cultural e requer constantemente o protagonismo dos atores sociais locais a partir da sua própria cultura.[473]

As culturas oferecem riquezas preciosas para o desenvolvimento de uma ecologia integral: "É necessário recorrer também às diversas riquezas culturais

---

470. LS 61.

471. LS 62-100. Estes parágrafos compreendem o capítulo II, *O Evangelho da Criação*, no qual Francisco dedica-se a contribuir com uma análise profunda da Teologia da Criação, descartando qualquer interpretação que legitime a destruição da Criação, o exercício indevido do poder, defendendo o equilíbrio da relação do ser humano com seu próximo, com a Criação e com Deus.

472. PASSOS, J. D., Aspectos metodológicos da Encíclica *Laudato Si'*, p. 86-88.

473. LS 144.

dos povos, à arte e à poesia, à vida interior e à espiritualidade."[474] Para Francisco a morte de uma cultura é como se uma maneira de ser humano fosse desperdiçada, uma perda incalculável, algo a ser lamentado profundamente.[475]

Outro diálogo na LS que pode ser bem evidenciado, é o diálogo entre fé e ciência. Francisco promove esta interação importante: "a ciência e a religião, que fornecem diferentes abordagens da realidade, podem entrar num diálogo intenso e frutuoso para ambas".[476] A leitura da crise ecológica, apresentada por Francisco no capítulo I da encíclica,[477] está muito próxima do que alguns cientistas renomados estão denunciando. Por exemplo a questão da perda da biodiversidade, a questão dos recursos naturais não renováveis, a questão da água, do aquecimento global, entre outras.[478]

Na LS, Francisco escuta as ciências empíricas e deixa-se tocar por elas. Não somente recorre às informações que as ciências oferecem, mas, a partir delas, lança luz à crise ecológica que vivemos:

> Farei uma breve resenha dos vários aspectos da atual crise ecológica, com o objetivo de assumir os melhores frutos da pesquisa científica atualmente disponível, deixar-se tocar por ela em profundidade e dar uma base concreta ao percurso ético e espiritual seguido.[479]

Essa atitude também mostra que a promoção dos diálogos não está apenas no discurso de Francisco, mas é um estilo de vida dialogal, que compreende a importância das diferentes partes que compõem o conjunto da existência compartilhada.

Outros importantes diálogos são propostos na LS, destaco: o diálogo com os governantes para o desenvolvimento de políticas locais, nacionais e internacionais que visem a salvaguarda do meio ambiente particular e ações reguladoras globais, assim como promover um diálogo honesto entre política e economia a fim de que sejam colocadas a serviço da vida – em todas as suas formas e integralmente.

Separamos agora um espaço especial para o diálogo inter-religioso na LS.

---

474. LS 63.

475. LS 145.

476. LS 62.

477. LS 17-61.

478. CRUTZEN P.J., The "Anthropocene", p. 13-18. Assim como em: ROCKSTRÖM, J., A safe operating space for humanity, p. 472-475.

479. LS 15.

3.3.3.2. O diálogo inter-religioso para uma Ecologia Integral

A *Laudato Si'* não é uma obra exclusivamente voltada para a questão do diálogo inter-religioso. A expressão *diálogo inter-religioso* não aparece na carta, nem mesmo separou-se uma sessão ou alguns parágrafos para explicitamente tratar do tema, como, por exemplo, possui a *Evangelii Gaudium*.[480] A própria *EG* já havia sinalizado que a questão ecológica é uma preocupação que leva cristãos, não crentes e crentes de outras tradições ao diálogo e proximidade.[481] De todo jeito, o fato do conjunto da *LS* ser totalmente dialogal possibilita uma leitura muito clara de sua presença nas entrelinhas do documento.

Como vimos até aqui na *LS*, o papa faz o chamado ao compartilhamento dos mais diversos saberes em prol de uma ecologia integral e o dirige "a cada pessoa que habita neste planeta",[482] não só a todas as pessoas, mas a todos os grupos que elas representam, assim como a todos os setores em que atuam na sociedade. Destacaremos nesta parte a convocação de Francisco à cooperação das religiões e a importância deste diálogo diante da crise socioecológica apontada por Francisco.

O apelo de Francisco foi lançado: "O urgente desafio de proteger a nossa casa comum inclui a preocupação de unir toda a família humana na busca de um desenvolvimento sustentável e integral, pois sabemos que as coisas podem mudar".[483] O diálogo inter-religioso aparece na *Laudato Si'* como uma possibilidade de estabelecer este congraçamento entre as religiões para a cooperação mútua em favor da causa ecológica e social.

Francisco reconhece o número significativo de mulheres e homens que professam alguma fé e o potencial que carregam: "a maior parte dos habitantes do planeta declara-se crente, e isto deveria levar as religiões a estabelecerem diálogo entre si, visando ao cuidado da natureza, à defesa dos pobres e à construção de uma trama de respeito e de fraternidade".[484] Aqui aparece como desafio o "diálogo da fraternidade", apontado por Guixot como característica do DIR em Francisco.[485]

É bem verdade que esta maioria religiosa está distribuída entre as chamadas grandes religiões – cristianismo, islamismo, budismo, hinduísmo, religiões chinesas e judaísmo – que carregam algumas diferenças históricas entre si.

---

480. EG 250-258.
481. EG 257.
482. LS 3.
483. LS 13.
484. LS 201.
485. GUIXOT, M. A. A., O diálogo inter-religioso no ensinamento do Papa Francisco a serviço da Paz, p. 1.

É preciso superar tais rusgas em nome da vida do nosso planeta e focar no que é comum e salutar. Pensando nas três religiões abraâmicas, por exemplo, o *triálogo* pode estabelecer-se pela consciência do chamado à revalorização da Criação divina a partir da dignidade nela impressa por seu Criador. As Sagradas Escrituras judaico-cristãs oferecem tal argumento teológico.[486]

Para o empreendimento proposto por Francisco, nenhum tesouro da sabedoria das religiões pode ser desprezado, isso configuraria uma lástima para o todo. Francisco lembra que a preocupação ecológica não é só da religião cristã católica, já que se tem desenvolvido reflexões valiosas no seio das religiões cristãs e não cristãs.[487] Um exemplo de tal afirmação é a acolhida que Francisco dá à reflexão que o Patriarca Ecumênico Bartolomeu I vem desenvolvendo em torno da temática ecológica. O papa cita alguns discursos de Bartolomeu I – o qual chama fraternalmente de *amado*.[488] Faz-se importante pontuar que não é algo comum aos documentos do magistério pontifício referências com tamanha ênfase a um líder religioso de outra tradição.[489]

Neste sentido, o bispo de Roma adverte: "Se quisermos, de verdade, construir uma ecologia que nos permita reparar tudo o que temos destruído, então nenhum ramo das ciências e nenhuma forma de sabedoria pode ser transcurada, nem sequer a sabedoria religiosa com a sua linguagem própria."[490] E insiste, Francisco:

> Quero lembrar que os textos religiosos clássicos podem oferecer um significado para todas as épocas, possuem uma força motivadora que abre sempre novos horizontes [...]. Será razoável e inteligente relegá-los para a obscuridade, só porque nasceram no contexto duma crença religiosa?[491]

O papa, como representante da fé cristã católica, entende que as convicções de fé podem oferecer aos cristãos – e aos adeptos de outras tradições – "motivações altas para cuidar da natureza e dos irmãos e irmãs mais frágeis".[492]

---

486. Como em Gn 1,26. No capítulo II da LS, intitulado *Evangelho da criação*, Francisco recorre às Sagradas Escrituras para lançar a luz que a fé judaico-cristã oferece neste sentido. Ver: LS 62-100.

487. LS 7.

488. LS 7-9. Notas de rodapé, n. 14-19.

489. SANCHEZ, W. L., O diálogo inter-religioso, p. 172.

490. LS 63.

491. LS 199.

492. LS 64.

Desta forma, as religiões deveriam *primeirear*, sair de sua *auto-orientação* em direção ao encontro gerador de nova vida. Os cristãos, por exemplo, têm em sua fé elementos suficientes para viverem essa nova proposta:

> Se pelo simples fato de ser humanas, as pessoas se sentem movidas a cuidar do ambiente de que fazem parte, "os cristãos, em particular, advertem que a sua tarefa no seio da criação e os seus deveres em relação à natureza e ao Criador fazem parte da sua fé". Por isso é bom, para a humanidade e para o mundo, que nós, crentes, conheçamos melhor os compromissos ecológicos que brotam das nossas convicções.[493]

É preciso viver intensamente a nossa própria experiência de fé, conhecendo mais profundamente os compromissos correspondentes à essa vivência.

Pensando no nosso contexto latino-americano, para não ficarmos apenas nas grandes tradições religiosas, a *LS* surge como novo impulso para fomentar a tolerância e refundar as nossas relações inter-religiosas, ameaçadas desde o início de nossa história como povo,[494] quando até mesmo a figura do papa era um fator limitador. O Teólogo Marcelo Barros relembra a nossa conturbada relação inter-religiosa na América Latina: "Ao abordar a relação com as religiões indígenas e afrodescendentes, devemos lembrar que, na história da colonização, o nome do papa foi usado para desvalorizar e deslegitimar as culturas indígenas e negras, assim como outras religiões".[495]

Porém, a *LS* do primeiro papa latino-americano traz como marca a valorização da cultura dos povos originários e o respeito às religiões.

A partir da espiritualidade cristã, o papa propõe uma outra maneira de compreender a qualidade de vida, liberta da escravidão do consumo desenfreado para alcançar felicidade. Trata-se de um regresso à simplicidade. Tal espiritualidade "propõe um crescimento na sobriedade e uma capacidade de se alegrar com pouco".[496] Saborear as possibilidades da vida com sobriedade, humildade, viver o justo equilíbrio de uma vida em harmonia com a ecologia e paz interior. Se faz importante adotar "um antigo ensinamento, presente em distintas religiões e também na Bíblia: [...] quanto menos tanto mais."[497]

---

493. LS 63.
494. Confira o ponto 1.2.2. desta obra.
495. BARROS, M., Convite para unir terra e céu, p. 171.
496. LS 222.
497. LS 222.

O cristianismo possui tesouros a serem compartilhados com as outras religiões, para o enriquecimento delas. Assim como as outras religiões têm os seus tesouros e podem enriquecer o cristianismo. Francisco não só encoraja as religiões – e os religiosos – a estabelecerem o diálogo entre si para o enriquecimento mútuo, mas, na *LS*, acolhe a sabedoria do muçulmano sufis Ali Al-Khawwas, ao qual se refere como "um mestre espiritual", que dentro de sua tradição, também propõe uma sensibilidade que reconhece a Deus através da contemplação da beleza e complexidade impressa na Sua Criação.[498] Houve críticas a esta visão, acusada de panteísta por alguns. Rechaçamos tais críticas, já que há clara distinção entre Deus e Criação na *LS*.

Como desafio às religiões, fica o chamado ao desenvolvimento da educação para *a aliança entre humanidade e meio ambiente*.[499] Desafio que não precisa ser desenvolvido sem a colaboração das outras religiões.

Por fim, Francisco chama os religiosos de todas as religiões que creem em um Deus criador para uma oração conjunta em favor da nossa terra:

> Deus Onipotente, que estais presente em todo o universo e na mais pequenininha das vossas criaturas, Vós que envolveis com a vossa ternura tudo o que existe, derramai em nós a força do vosso amor para cuidarmos da vida e da beleza. Inundai-nos de paz, que vivamos como irmão e irmãs sem prejudicar ninguém. Ó Deus dos pobres, ajudai-nos a resgatar os abandonados e esquecidos desta terra que valem tanto aos vossos olhos. [500]

O cuidado da casa comum e a opção pelos mais fragilizados se converte em lugar de encontro das religiões. O pluralismo religioso e toda a diversidade de representações religiosas não deveria afastar e ser um impeditivo ao diálogo, mas, enriquecê-lo. Sem dúvida as religiões têm muito a contribuir para o desenvolvimento de uma ecologia integral,[501] e a *Laudato Si'* de Francisco transmite essa esperança.

---

498. LS 233. Conferir: Nota de rodapé, n. 159. Houve críticas a esta visão, acusada de panteísta por alguns. Rechaçamos tais críticas já que há clara distinção entre Deus e Criação na *LS*. A natureza não é Deus, mas ela revela seu Criador. Sl 119,1; Jo 1,3. CODINA, V., Os opositores à Igreja de Francisco, N.p.

499. LS 209.

500. LS 246.

501. LS 62.

Conclusão

Concluindo o presente trabalho, buscaremos dar respostas provisórias – reconhecendo os limites de nossa pesquisa – às questões que foram colocadas, referentes às contribuições do Papa Francisco para a temática do diálogo inter-religioso, especialmente com a sua Carta Encíclica *Laudato Si'*, sobre o cuidado da casa comum.

Quando fizemos um levantamento sobre a questão do diálogo inter-religioso no capítulo 1, buscamos compreender conceitualmente o que se configura *diálogo inter-religioso*, seus objetivos, trajetória, avanços, relevância, abordagens etc. Fizemos uma exposição do que pode ser considerado um diálogo autêntico, que pressupõe abertura, não falsear as identidades envolvidas e escuta atenta. A busca pelo enriquecimento mútuo tem sido uma tônica do diálogo inter-religioso, assim como o trabalho em favor da paz, justiça social, tolerância e liberdade religiosa, em combate aos fundamentalismos e radicalismos. Ultimamente, o debate em torno da ecologia vem ganhando força como temática urgente para o diálogo inter-religioso, assim como outros dramas humanos de nosso tempo, por exemplo, a crise migratória, a questão dos refugiados que em alguns casos são obrigados a deixar seus países por causa de confrontos religiosos.

No mesmo capítulo, apontamos a importância do Concílio Vaticano II para o tema do diálogo inter-religioso, um verdadeiro marco para a abertura do diálogo com as outras religiões e posicionamos à atuação do magistério pontifício pós-conciliar dentro dos limites do paradigma inclusivista.

Estes dados levantados no capítulo 1 nos servem como base de comparação para situar as contribuições de Francisco ao tema do diálogo inter-religioso atual. Mas, antes de apontarmos tais contribuições, no capítulo 2 apresentamos alguns possíveis elementos formadores do pensamento ecológico de Francisco que foram mais tarde retomados na *Laudato Si'*, destacando a influência da Companhia de Jesus com a espiritualidade inaciana, e a visão integradora da realidade contida nos seus *Exercícios Espirituais*, e o Documento de Aparecida, especialmente com o conceito de *casa comum*, a valorização das culturas dos povos, defesa da diversidade cultural e a falta de solidariedade do sistema político-econômico vigente. A *Teología del Pueblo* também marcou o pensamento do autor, em sua maneira de inculturação, valorização dos povos pobres em sua religiosidade e protagonismo, como grandes interrogantes da história.

Ainda no capítulo 2 apontamos algumas ênfases teológico-pastorais do nosso autor: 1) Os quatro princípios norteadores das ações pastorais (o tempo é superior ao espaço, a unidade é superior ao conflito, a realidade é superior à ideia e o todo é superior à parte); 2) A opção preferencial pelos pobres; 3) A Cultura do Encontro.

Entendemos que todos esses elementos colocados estão ligados à prática do diálogo inter-religioso em Francisco. Como um *diálogo da fraternidade*, Francisco promove o encontro inter-religioso na amizade,[502] proximidade e caminhada conjunta, priorizando a relação que em si é valiosa. Os bons frutos são consequência deste encontro, que abre processos libertadores.

Neste trabalho vimos que a prática do diálogo inter-religioso em Francisco está dentro de uma pastoral de encontro e diálogo, faz parte da missão evangelizadora da Igreja e da implementação da Cultura do Encontro, cultura essa que desde os tempos em que esteve à frente da Igreja na Argentina vem buscando implementar.

Através desta prática dialogal, Francisco tem buscado o estabelecimento da paz na sociedade, a justiça social, promovendo a dignidade da pessoa humana, fomentando a liberdade religiosa e a cooperação entre as religiões para o bem comum, pensando no todo e nas implicações às partes, incentivando a unidade na família humana, a solidariedade, dando prioridade aos mais pobres e sofredores da história e à salvaguarda da Criação. Encontramos certa continuidade na prática do diálogo inter-religioso de Bergoglio em Francisco, pois todos os elementos verificados como características do diálogo inter-religioso em Francisco já estavam presentes em sua trajetória antes mesmo de se tornar papa.

Sua prática do diálogo inter-religioso está de acordo com as diretrizes que os documentos conciliares apontam. Portanto, Francisco vem colocando em prática as resoluções do Concílio Vaticano II no que se refere às relações inter-religiosas.

---

502. A *Fratelli Tutti*, carta encíclica sobre a fraternidade e amizade social, do Papa Francisco, lançada em 3 de outubro de 2020 – após o término de nossa pesquisa –, apresenta-se como fruto deste diálogo fraterno-sororal. O documento está sendo estudado tanto na academia quanto nos meios eclesiásticos. Já podemos sentir os primeiros impactos da recepção deste documento, norteador e essencial para o DIR.

Suas contribuições à temática estudada não mostram em si um campo inédito de atuação para o diálogo das religiões, mas agregam novas formas de atuação e sensibilidade que podem significar grande avanço às relações inter-humanas – e consequentemente, inter-religiosas. Confirmando a primeira afirmação deste parágrafo, apontamos na Carta Encíclica *Laudato Si'* um elemento original que pode trazer novos desdobramentos à reflexão e à ação do diálogo inter-religioso em favor da ecologia: a promoção de uma ecologia integral.

O convite ao diálogo inter-religioso na *LS* tem como objetivo o engajamento dos religiosos das diversas tradições no cuidado da *casa comum*, a partir dos argumentos contidos na sabedoria de cada religião em particular, que colocadas em diálogo podem enriquecer umas às outras e à família humana, configurando-se dessa maneira como cooperadores indispensáveis para a construção de uma nova relação com a natureza e tentativa de superação da crise socioecológica.

Ultimamente, no Brasil e em todo o mundo, principalmente com as questões que envolvem a Amazônia em nosso contexto e com a alarmante crise climática em todo o globo, uma nova consciência ecológica vem sendo observada. Em nosso entendimento, a Carta Encíclica *Laudato Si'* pode ser considerada uma obra de referência para o diálogo inter-religioso atual, já que aborda com tanta propriedade um tema de preocupação comum a todo ser humano que habita este planeta.

A carta do Papa Francisco também oferece um novo paradigma ecológico para a reflexão do magistério pontifício. De agora em diante será preciso pensar a partir de uma ecologia integral. Este é o desafio posto pela *LS* ao magistério da Igreja Católica, aos cristãos católicos e de outras tradições cristãs, aos religiosos em geral e aos não religiosos.

Referências bibliográficas

ALBERIGO, G. Et al. *Historia de los Concílios Ecumênicos*. Ediciones Sígueme: Salamanca, 1993.

AMADO, J. P. *Igreja e grandes cidades*: estado atual da questão. 2017.

AMADO, J. P. O Documento de Aparecida e sua proposta para toda a Igreja. *Atualidades Teológicas*, Rio de Janeiro, v. 22, n. 58, p. 65-90, jan./abr.2018.

AMADO, J. P.; FERNANDES, L. A. (Orgs.); *Evangelii Gaudium em questão*. Aspectos bíblicos, teológicos e pastorais. São Paulo: Paulinas; Rio de Janeiro: PUC-Rio, 2014.

ARMATO, A. A teologia do povo. Entrevista de Juan Carlos Scannone. *IHU-Online*, 22 de julho de 2013. Disponível em: http://www.ihu.unisinos.br/noticias/522076-a-teologia-do-povo-entrevista-com-juan-carlos-scannone. Acesso em: 22 de junho de 2019.

A SANTA SÉ. *Biografia do Santo Padre Francisco*. Disponível em: <https://w2.vatican.va/content/francesco/pt/biography/documents/papa-francesco-biografia-bergoglio.html>. Acesso em: 20/01/2019.

ASETT (Org). *Pelos muitos caminhos de Deus*. Desafios do Pluralismo Religioso à Teologia da Libertação. Goiás: Rede, 2003.

AZEVEDO, S. *Teologia das Religiões*. Rumo a um Inclusivismo bíblico. Joinville-SC: Editora Clube de Autores, 2015.

BARROS, M. Convite para unir terra e céu. A Encíclica Laudato Si' e a espiritualidade macroecumênica. *Revista Eclesiástica Brasileira*, [S.l.], v. 76, n. 301, p. 171-183, ago. 2016.

BAVARESCO, A.; OLIVEIRA, R. E. (Orgs.), *Diálogo Inter-religioso*: exclusivismo, inclusivismo e pluralismo. Porto Alegre, RS: Editora Fi, 2018.

BEOZZO, J. O.; Et.al. *Vaticano II*: 40 anos depois. São Paulo: Paulus, 2005.

BERGER, P. *O dossel sagrado*: elementos para uma teoria sociológica da religião. São Paulo: Paulinas, 1985.

BERGOGLIO, J. M. *Dejar la nostalgia y el pesimismo y dar lugar a nuestra sed de encuentro*. Te Deum, 25/5/1999. Disponível em: <http://www.arzbaires.org.ar/inicio/homilias bergoglio.html>. Acesso em: 30 de junho de 2019.

BERGOGLIO, J. M. *Hacia um Bicentenario em justicia y solidaridad 2010-2016*. Nosotros como ciudadanos, Nosotros como Pueblo. Conferencia del Sr. Arzobispo en la XIII Jornada Arquidiocesana de Pastoral Social. Disponível em: <http://www.arzbaires.org.ar/inicio/homiliasbergoglio.html>. Acesso em 30 de junho de 2019.

BERGOGIO, J. M., *Hacia una cultura del encuentro*: La política, mediadora del bien común. Democracia, desarrollo, justicia social – Documento de Trabajo de la X Jornada de Pastoral Social, 15 de septiembre de 2007, nº 23.

BERGOGLIO, J. M. *La Nacíon por construir*: Utopía, pensamento y compromisso. Buenos Aires: Claretiana, 2005.

BERGOGLIO, J. M.; SKORKA, A. *Sobre o céu e a terra*. [Tradução Sandra Martha Dolinsky]. São Paulo: Paralela, 2013.

BÍBLIA de Jerusalém. Nova ed. rev. e ampl. 2. Impr. São Paulo: Paulus, 2003.

BINGEMER, M. C. L. *Teologia latino-americana*: raízes e ramos. [Tradução de Suzana Regina Moreira]. Petrópolis: Vozes; Rio de Janeiro: Editora PUC, 2017.

BINGEMER, M. C. L. Theos, Kosmos e Anthropos. Atualidade de Inácio de Loyola. *PUC-Ciência*, v. 6, p. 7-11, 1991.

BOFF, L. *Dignitas terrae*: Ecologia, grito da terra, grito dos pobres. São Paulo: Ática, 1995.

BOFF, L. *Francisco de Roma y Francisco de Asís*. ¿Uma nueva primavera en la Iglesia? Madrid-Espanha: Editorial Trotta, 2013.

BOFF, L. *Fundamentalismo*: A globalização e o futuro da humanidade. Rio de Janeiro: Sextante, 2002.

BORDIGNON-MEIRA, A. L.; FIAMENGHI, G. A. Reflexões sobre entraves psicológicos-psicossociais para viver a proposta de primeirear do Papa Francisco. Florianópolis, *Encontros Teológicos*, v. 32, n. 2, mai-ago. 2017, p. 361-372.

BORGHESI, M. O pensamento de Jorge Mario Bergoglio. Os desafios da Igreja no mundo contemporâneo. *Cadernos Teologia Pública*. Ano XV, nº. 132, vol. 25, p. 1-16, 2018.

BRIGHENTI, A. *A Laudato Si' no pensamento social da Igreja*. Da ecologia ambiental à ecologia integral. São Paulo: Paulinas, 2018.

BRIGHENTI, A. Documento de Aparecida: O texto original, o texto oficial e o Papa Francisco. *Pistis Praxis*, Curitiba, v. 8, nº. 3, p. 673-713, set./dez. 2016.

CÁCERES, A. M. J. M. Bergoglio: claves de su pensamiento social antes de ser elegido pontífice. *Moralia*, 36, 2013. p. 117-135.

CELAM. *V Conferencia General del Episcopado Latinoamericano y del Caribe*. Aparecida, 2007. Disponível em: <http://www.dhnet.org.br/direitos/cjp/a_cnbb_documento_de_aparecida.pdf>. Acesso em: 10 de maio de 2018.

CRUTZEN P. J. The "Anthropocene". In: EHLERS E., KRAFFT T. (Orgs.), Earth System Science in the Anthropocene. *Springer*, Berlin Heidelberg, p. 13-18, 2006.

CODINA, V. Os opositores à Igreja de Francisco. *Revista IHU-Online*, 3 de agosto de 2019. Disponível em: <http://www.ihu.unisinos.br/78-noticias/591343-os-opositores-da-igreja-de-francisco-artigo-de-victor-codina >. Acesso em: 20 de novembro de 2019.

COMISSÃO TEOLÓGICA INTERNACIONAL. *O cristianismo e as religiões*, 1997. Disponível em: <http://www.vatican.va/roman_curia/congregations/cfaith/cti_documents/rc_cti_1997_cristianesimo-religioni_po.html>. Acesso em: 02 de fevereiro de 2019.

CONCÍLIO VATICANO II. *Declaração Nostra Aetate sobre a Igreja e as Religiões não cristãs*. Disponível em: <http://www.vatican.va/archive/hist_councils/ii_vatican_council/documents/vat-ii_decl_19651028_nostra-aetate_po.html>. Acesso em: 26 de janeiro de 2019.

CONGREGAÇÃO PARA A DOUTRINA DA FÉ. *Declaração "Dominus Iesus"*. Sobre a unicidade e a universalidade salvífica de Jesus Cristo e da Igreja. 2000. Disponível em: <http://www.vatican.va/roman_curia/congregations/cfaith/documents/rc_con_cfaith_doc_20000806_dominus-iesus_po.html>. Acesso em: 10 de fevereiro de 2019.

CONSTITUIÇÃO PASTORAL GAUDIUM ET SPES. *Documentos do Concílio Ecumênico Vaticano II*. São Paulo: Paulus, 1997.

COUNCIL FOR A PARLIAMENT OF WORLD'S RELIGIONS. *Declaration Toward a Global Ethic*. Chicago, 1993.

DECK, A. F. *Francisco*: O bispo de Roma. La revolución de la misericórdia. México: San Pablo, 2016.

DIAS, Z. M.; TEIXEIRA, F. *Ecumenismo e Diálogo Inter-religioso*: a arte do possível. Aparecida: Editora Santuário, 2008.

DREHER, M. N. *A Igreja Latino-americana no contexto mundial*. São Leopoldo: Sinodal, 1999.

DREHER, M. N. A Reforma e as reformas. *IHU On-line*, Ed. 514, 30 de outubro, 2017, p. 14-23.

DREHER, M. N. *História do Povo de Jesus*: Uma leitura latino-americana. São Leopoldo: Sinodal, 2013.

DUCH, L. *El exilio de Dios*. Barcelona: Fragmenta Editorial, 2017.

DUPUIS, J. *O cristianismo e as religiões*: do encontro ao desencontro. São Paulo: Edições Loyola, 2004.

DUSILEK, S. R. G. A atualidade do conceito de tolerância em John Locke. *Paralellus*, Recife, v. 7, n. 16, set./dez. 2016, p. 411-423. Paulinas, 1999.

FERNÁNDEZ, V.; RODARI, P. *The Francis Project*: Where He Wants to Take the Church. Nova Iorque: Paulist Press, 2016.

FILHO, C. R. C. Diálogo inter-religioso: perspectivas a partir de uma teologia protestante. *Horizonte*, Belo Horizonte, v. 15, n. 45, p. 112-133, jan./mar. 2017.

FONSECA, A. B. Primeiras análises dos dados do Relatório sobre Intolerância e Violência Religiosa no Brasil (2011-2015). In: MINISTÉRIO DOS DIREITOS HUMANOS "SECRETARIA NACIONAL DE CIDADANIA". *Estado Laico, intolerância e diversidade religiosa no Brasil*: Pesquisas, reflexões e debates, 2018. p. 22-47.

FRANCISCO, PP. *Carta Encíclica Laudato Si'*: sobre o cuidado da casa comum. São Paulo: Paulus / Edições Loyola, 2015.

FRANCISCO, PP. *Discurso do Papa Francisco aos participantes na Conferência Internacional por ocasião do 3º aniversário da Encíclica Laudato Si'*. Disponível em: http://w2.vatican.va/content/francesco/pt/speeches/2018/july/documents/papa-francesco_20180706_terzoanniversario-laudatosi.html. Acesso em: 08 de janeiro de 2019.

FRANCISCO, PP. *Discurso do Papa Francisco aos participantes na plenária do Pontifício Conselho para o Diálogo Inter-religioso*, 28 de novembro de 2019. Disponível em: <http://www.vatican.va/content/francesco/pt/speeches/2013/november/documents/papa-francesco_20131128_pc-dialogo-interreligioso.html>. Acesso em: 02 de outubro de 2019.

FRANCISCO, PP. *Discurso do Santo Padre ao Parlamento Europeu*. Disponível em: <https://w2.vatican.va/content/francesco/pt/speeches/2014/november/documents/papa-francesco_20141125_strasburgo-parlamento-europeo.html>. Acesso em: 20 de abril de 2019.

FRANCISCO, PP. *Divina Liturgia*: Palavras do Santo Padre, 2014. Disponível em: <http://w2.vatican.va/content/francesco/pt/homilies/2014/documents/papa-francesco_20141130_divina-liturgia-turchia.html>. Acesso em: 21 de abril de 2019.

FRANCISCO, PP. *Encontro com os representantes dos meios de comunicação social*. Discurso do santo padre. Disponível em: <http://w2.vatican.va/content/francesco/pt/speeches/2013/march/documents/papa-francesco_20130316_rappresentanti-media.html>. Acesso em: 13 de janeiro de 2019.

FRANCISCO, PP. *Exortação apostólica do Sumo Pontífice Francisco Evangelii Gaudium*: sobre o anúncio do Evangelho no mundo atual. São Paulo: Paulus/Edições Loyola, 2013.

FRANCISCO, PP. *Meditações Matutinas na Santa Missa Celebrada na Capela Santa Marta*. Por uma cultura do encontro, 2016. Disponível em: <http://w2.vatican.va/content/francesco/pt/cotidie/2016/documents/papa-francesco-cotidie_20160913_cultura-do-encontro.html>. Acesso em: 10 de janeiro de 2019.

FRANCISCO, PP. *Misericordiae Vultus*: Bula de proclamação do jubileu extraordinário da misericórdia. Disponível em: <http://w2.vatican.va/content/francesco/pt/apost_letters/documents/papa-francesco_bolla_20150411_misericordiae-vultus.pdf>. Acesso em: 18 de junho de 2018.

FRANCISCO, PP. *Palavras do Papa Francisco no Brasil*. São Paulo: Paulinas, 2013.

FRANCISCO, PP. *Visita Apostólica doa Papa Francisco ao Brasil por ocasião da XXVIII Jornada Mundial da Juventude*. Encontro com a classe dirigente do Brasil. Disponível em: <http://w2.vatican.va/content/francesco/pt/speeches/2013/july/documents/papa-francesco_20130727_gmg-classe-dirigente-rio.html>. Acesso em: 10 de dezembro de 2018.

FRANCISCO, PP. Workshop *"Modern Slavery and climate change:* The commitment of the cities". Discurso do Papa Francisco. Disponível em: <http://w2.vatican.va/content/francesco/pt/speeches/2015/july/documents/papa-francesco_20150721_sindaci-grandi-citta.html>. Acesso em: 21 de abril de 2019.

FRANCISCO, PP.; ABBOUD, O.; et.al. *Superar o Muro*: Diálogos entre muçulmanos a rabino e um cristão. São Paulo: Paulinas, 2015.

FRANCISCO, PP.; AL-TAYYEB, A. *Documento sobre a Fraternidade Humana em prol da paz mundial e da convivência comum*, 4 de fevereiro de 2019. Disponível em: <http://www.vatican.va/content/francesco/pt/travels/2019/outside/documents/papa-francesco_20190204_documento-fratellanza-umana.html>. Acesso em: 23 de julho de 2019.

FRANCISCO, PP.; BARTOLOMEU. *Declaração conjunta do Papa Francisco e do patriarca ecumênico Bartolomeu*. Sede da Delegação Apostólica; Jerusalém, 2014. Disponível em: <http://w2.vatican.va/content/francesco/pt/speeches/2014/may/documents/papa-francesco_20140525_terra-santa-dichiarazione-congiunta.html>. Acesso em: 10 de novembro de 2019.

FREITAS CARDOSO, M. T. de. Riqueza humana e espiritual em um diálogo: Estudo sobre alguns aspectos do diálogo do cardeal J. Bergoglio com o rabino A. Skorka. In: *IV Congresso da ANPTECRE*, 2013, Recife. O futuro das religiões no Brasil, 2013. p. 1.071-1.086.

FREITAS CARDOSO, M. T. de. Aspectos Ecumênicos da *Evangelii Gaudium*, p. 251-261. In: AMADO, J. P.; FERNANDES, L. A. (Orgs.). *Evangelii Gaudium em questão*: aspectos bíblicos, teológicos e pastorais. Rio de Janeiro: Editora Puc-Rio; Paulinas, 2014.

GALLO, M. *El pensamiento social y político de Bergoglio y Papa Francisco*. Salta, Argentina: Ediciones Universidad Católica de Salta, 2018.

GASDA, E. E. *Doutrina Social*: economia, trabalho e política. Coleção Teologia do Papa Francisco. São Paulo: Paulinas, 2018.

GEFFRÉ, C. *De Babel a Pentecostes*. Ensaios de teologia inter-religiosa. São Paulo: Paulus, 2013.

GEFFRÉ, C. O lugar das religiões no plano da salvação, p. 111-137. In: TEIXEIRA, F. (Org.). *O Diálogo Inter-religioso como afirmação da vida*. São Paulo: Paulinas, 1997.

GEYMONAT, C. *I 50 anni del dialogo cattolico-luterano*. Disponível em: <https://riforma.it/it/articolo/2017/07/25/i-50-anni-del-dialogo-cattolico-luterano>. Acesso em: 30 de junho de 2019.

GIOLA, F. *Dialogo interreligioso nell'insegnamento ufficiale della Chiesa Cattolica*. Vaticano: Libreria Editrice Vaticana, 2013.

GONZAGA, W. Os pobres como "critério-chave de autenticidade" eclesial (EG 195), p. 75-96. In: AMADO, J. P.; FERNANDES, L. A. (Orgs.); *Evangelii Gaudium em questão*. Aspectos bíblicos, teológicos e pastorais. São Paulo: Paulinas; Rio de Janeiro: PUC-Rio, 2014.

GUIXOT, M. A. A. *O diálogo inter-religioso no ensinamento do Papa Francisco a serviço da Paz*. Curso anual dos bispos do Brasil, 2017. Disponível em: <http://arqrio.org/files/repository/6___Guixot_3_27012017163730.pdf>. Acesso em: 10 de janeiro de 2019.

HAIGHT, R. *Jesus, símbolo de Deus*. São Paulo: Paulinas. 2003.

HICK, J. O caráter não absoluto do cristianismo. *Numen*, Juiz de Fora-MG, v. 1, n. 11, p. 11-44.

HIMITIAN, E. *Francisco*. El Papa de la gente. Madrid: Aguilar, 2013.

IVEREIGH, A. *El gran reformador*. Buenos Aires-Argentina: Ediciones B, 2015.

JOÃO PAULO II, PP. *Carta Encíclica Redemptor Hominis*, 1979. Disponível em: <http://www.vatican.va/content/john-paul-ii/pt/encyclicals/documents/hf_jp-ii_enc_04031979_redemptor-hominis.html>. Acesso em: 21/11/2019.

KASPER, W. *El Papa Francisco*. Revolución de la ternura y el amor: Raíces teológicas y perspectivas. Espanha: Sal Terrae, 2015.

KNITTER, P. F. *Introdução às Teologias das Religiões*. [Tradução de Luiz Fernando Gonçalves Pereira]. São Paulo: Paulinas, 2008.

KNITTER, P. F. *Jesus e os Outros Nomes*. Missão cristã e responsabilidade global. [Tradução de Leszek Lech]. São Bernardo do Campo: Nhanduti Editora, 2010.

KÜNG, H. *Projeto de ética mundial*: uma moral ecumênica em vista da sobrevivência humana. [Tradução de Haroldo Reimer]. São Paulo: Paulinas, 1992.

KÜNG, H. *Religiões do mundo*: em busca de pontos comuns. [Tradução de Carlos Almeida Pereira]. Campinas: Verus, 2004.

LIBÂNIO, J. B. Extra Ecclesiam Nulla Salus. *Perspectiva Teológica*. Belo Horizonte-MG, v. 5, n. 9, 1973, p. 21-49.

LUCIANI, R. *El Papa Francisco y La Teología del Pueblo*. Madrid, Espanha: PPC, 2016.

LUCIANI, R. La Opción Teológico-Pastoral del Papa Francisco. *Perspectiva Teológica*, Belo Horizonte, v. 48, n. 1, p. 81-115, Jan. /Abr. 2016.

LUCIANI, R.; PALAZZI, F. A Rooted Vision. The Latin American origins of Pope Francis' theology. *America*. Fev. 1, 2016, Vol. 214, 3ª Ed., p. 18-20.

MIRANDA, M. F. *A Reforma de Francisco*: fundamentos teológicos. São Paulo: Paulinas, 2017.

MURAD, A. T.; TAVARES, S. S. (Orgs.). *Cuidar da casa comum*: chaves de leitura teológicas e pastorais da Laudato Si'. São Paulo: Paulinas, 2016.

NERI, M. C.; MELO, L. C. C. de. Novo mapa das religiões. *Horizonte*, Vol. 9, Iss 23, p. 637-673, 2011.

PALÁCIO, C. Para uma pedagogia do diálogo. *Perspectiva Teológica*, v. 35, 2003, p. 369-376.

PANASIEWICZ, R. *Fundamentalismo religioso*: História e presença no cristianismo. In: Anais do X Simpósio da Associação Brasileira de História das Religiões – "Migrações e Imigrações das Religiões". Assis: ABHR, 2008. Não paginado.

PASSOS, J. D. (Org.). *Diálogos no Interior da Casa Comum*: recepções interdisciplinares sobre a Encíclica *Laudato Si'*. São Paulo: EDUC: Paulus, 2016.

PASSOS, J. D.; SOARES, A. M. L. (Orgs.). *Francisco*: renasce a esperança. São Paulo: Paulinas, 2013.

PELEGRINI, J. A. M. *Soy jesuíta, soy hijo de la Iglesia*: Claves teológico-inagcianas de Jorge Mario Bergoglio. Xerión: Aranjuez, 2014.

PIQUÉ, E. *Papa Francisco*. Vida e Revolução. [Trad. Carlos Turdera]. São Paulo: LeYa, 2014.

PONTIFÍCIO CONSELHO PARA O DIÁLOGO INTER-RELIGIOSO. *Diálogo e anúncio*. São Paulo: Paulinas, 1996.

PRIEGO, A. Fundamentalismo, Extremismo, Fanatismo y Terrorismo Religioso. Uma Clarificación de los conceptos. *Miscelanea Comillas*, v. 76, nº. 148, 2018, p. 261-272.

QUEIRUGA, A. T. *O diálogo das religiões*. São Paulo: Paulus, 1997.

RIBEIRO, D. *O povo brasileiro*: a formação e o sentido do Brasil. São Paulo: Cia das Letras, 1995.

RICHTER, J. Missionary Apologetics: Its Problems and Its Methods, *International Review of Missions*, v. 2, 1913.

ROCKSTRÖM, J.; et. al. A safe operating space for humanity. *Nature*, v. 461, p. 472-475, set. 2009.

SANCHEZ, W. L. *Vaticano II e o diálogo inter-religioso*. São Paulo: Paulus, 2015.

SCANNONE, J. C. *La Teología del Pueblo*: raíces teológicas del Papa Francisco. Espanha: Editorial Sal Terrae, 2017.

SCANNONE, J. C. Pope Francis and the Theology of the People. *Theological Studies*, vol. 77, Issue 1, p. 118-135, february 2016.

SECRETARIADO PARA OS NÃO CRISTÃOS. A Igreja e as outras religiões: *Diálogo e missão*. Disponível em: <http://www.vatican.va/roman_curia/pontifical_councils/interelg/documents/rc_pc_interelg_doc_19840610_dialogo-missione_po.html>. Acesso em: 21 de maio de 2019.

SILVA, J. M. *O cristianismo e o pluralismo religioso*: possibilidades dialogais com a pós-modernidade. Juiz de Fora-MG: UFJF, 2004.

SIQUEIRA, J. C. *Laudato Si'*: um presente para o planeta. Rio de Janeiro: Editora PUC-Rio, 2016.

SIQUEIRA, J. C. *Os jesuítas e a espiritualidade ecológica*. Rio de Janeiro: Editora PUC-Rio, 2013.

SOTER (Org.). *21º Congresso Anual da Sociedade de Teologia e Ciências da Religião – SOTER*. São Paulo: Paulinas, 2008.

SOUZA, J. N. A *Laudato Si'* na perspectiva do método "Ver, julgar e agir". *Perspectiva Teológica*, Belo Horizonte, v. 48, nº. 1, p. 145-161, jan./abr. 2016.

SPADARO, A. Intervista a Papa Francesco. *La Civiltà Cattolica*, III. p. 449-477, 3918.19 settembre 2013.

SPADARO, A.; GALLI, C. M. (Orgs). *La Riforma e le Riforme nella Chiesa*. Brecia: Queriniana, 2017.

SUESS, P. *Dicionário da Laudato Si'*. Sobriedade Feliz: 50 palavras-chave para a leitura pastoral da Encíclica "Sobre o cuidado da casa comum" do Papa Francisco. São Paulo: Paulinas, 2017.

SUSIN, L. C.; SANTOS, J. M. G. (Orgs.). *Nosso planeta, nossa vida*: ecologia e teologia. São Paulo: Paulinas, 2011.

TAVARES, S. S. *Teologia da Criação*: Outro olhar, novas relações. Petrópolis: Vozes, 2010.

TEIXEIRA, F. A. A teologia católica face ao pluralismo religioso. *Horizonte*, Belo Horizonte, v. 13, n. 40, p. 1736-1754, out./dez. 2015.

TEIXEIRA, F. A. Malhas da hospitalidade. *Horizonte*, Belo Horizonte, v. 15, n. 45, p. 18-39, jan./mar. 2017.

TEIXEIRA, F. A. (Org.). *O Diálogo Inter-religioso como afirmação da vida*. São Paulo: Paulinas, 1997.

TEIXEIRA, F. A. O imprescindível desafio da diferença religiosa. *REMHU*, Brasília, Nº 38, p. 181-194, jan./jun. 2012.

TEIXEIRA, F. A. *Teologia e pluralismo religioso*. São Bernardo do Campo: Nhanduti, 2012.

TERRAZAS, S. M. *"A unidade prevalece sobre o conflito"*. O ecumenismo do Papa Francisco. Brasília-DF: Edições CNBB, 2019.

TOMITA, L. E.; BARROS, M.; VIGIL, J. M. (orgs). *Pluralismo e Libertação*. Por uma Teologia Latino-americana Pluralista a partir da fé cristã. São Paulo: Loyola, 2005.

ULLOA, P. U. Del henoteísmo al monoteísmo: La experiencia religiosa del antiguo Israel. *Actas Teológicas*, v. 22, diciembre 2017, p. 87-99.

VARANDA, I.; CHEZA, M. Subsídios para uma cronologia do diálogo inter-religioso (1893-2002). *Humanística e Teologia*, Tomo XXIV, Fasc. 2, 2003, p. 211-251.

VECHI, G. G. "Quero uma Igreja pobre para os pobres". *Instituto Humanitas Unisinos*, 17 de mar., 2013. Entrevista. Disponível em: < http://www.ihu.unisinos.br/noticias/518498-quero-uma-igreja-pobre-para-os-pobres>. Acesso em: 12 de fevereiro de 2019.

VIEIRA A. *Sermões*. Erechim: Edelbra, 1998. 12 v.

VIGIL, J. M. Macroecumenismo: teologia latino-americana das religiões. In: TOMITA, L. E.; BARROS, M.; VIGIL, J. M. (orgs). *Pluralismo e libertação*, p. 71-88.

VIGIL, J. M. *Teologia do Pluralismo Religioso*: para uma releitura pluralista do cristianismo. [Tradução de Maria Paula Rodrigues]. São Paulo: Paulus, 2006.

VIGIL, J. M. (Org.). *O atual debate da Teologia do Pluralismo depois da Dominus Iesus*. Livros Digitais Koinonia, 2005.

WACHHOLZ, W. Identidades religiosas brasileiras e seus exclusivismos. *Horizonte*, Belo Horizonte, v. 9, n. 23, 2011. p. 782-798.

WOLFF, E. *Igreja em diálogo*. Coleção Teologia do Papa Francisco. São Paulo: Paulinas, 2018.

Posfácio

Tive o prazer de compor a comissão examinadora que aprovou a laboriosa pesquisa do Prof. Ms. Chrystiano Gomes Ferraz, juntamente com os doutores Maria Teresa de Freitas Cardoso (orientadora) e Cézar Augusto Kuzma, ambos professores do Departamento de Teologia da PUC-Rio.

Foi muito agradável testemunhar *in loco* o nascimento de mais um mestre em Teologia de confissão batista. Faço esse destaque, para registrar gratidão à PUC-Rio, uma casa que acolhe festiva e respeitosamente a todos.

O pastor Chrystiano ousou desbravar uma seara desconhecida do seu endereço eclesial, pois estudou a contribuição do Papa Francisco, com destaque especial para a *Laudato Si'*. Essa ousadia, por si só, já justifica o significado e a premiação da obra, pois foi necessário mergulhar num universo novo, para entregar uma colaboração à comunidade acadêmica.

O diálogo sempre deve ter lugar de destaque nas relações humanas. É sobre essa premissa que Chrystiano pautou a sua produção. Ele se permitiu dialogar em defesa de um tema/responsabilidade que é de todos, na tarefa (sempre inacabada) da construção de uma ecologia integral.

A obra foi muito bem dividida, do geral para o particular, tratando do diálogo inter-religioso, do diálogo em Francisco e da contribuição para a ecologia.

Diálogo não é uma tentativa de demover o outro do seu lugar. Uma mente acadêmica saudável jamais cometeria tal agressão. Por isso, o pesquisador sublimou a máxima: "no essencial, unidade; no não essencial, respeito; e em tudo, amor".

Como o Papa Francisco chamou, a Terra é a "nossa casa comum". Cuidar dela é essencial. Todo diálogo que enriqueça esse propósito é bem-vindo. É uma caminhada conjunta naquilo que é comum.

O fato de sabermos que um dia essa habitação terrena se desfará (2Cor 5,1), não nos isenta de cuidar dela.

Esta obra fomenta a expectativa da continuidade da pesquisa, na esperança de que o autor nos ofereça num futuro próximo suas contribuições, agora, numa tese de doutorado.

Elildes Junio Macharete Fonseca
Doutor em Teologia (PUC-Rio)
Pastor da Primeira Igreja Batista em Cabo Frio/RJ
Presidente da Convenção Batista Fluminense

Série Teologia PUC-Rio

- *Rute: uma heroína e mulher forte*
Alessandra Serra Viegas
- *Por uma teologia ficcional: a reescritura bíblica de José Saramago*
Marcio Cappelli Aló Lopes
- *O Novo Êxodo de Isaías em Romanos – Estudo exegético e teológico*
Samuel Brandão de Oliveira
- *A escatologia do amor – A esperança na compreensão trinitária de Deus em Jürgen Moltmann*
Rogério Guimarães de A. Cunha
- *O valor antropológico da Direção Espiritual*
Cristiano Holtz Peixoto
- *Mística Cristã e Literatura Fantástica em C. S. Lewis*
Marcio Simão de Vasconcellos
- *A cristologia existencial de Karl Rahner e de Teresa de Calcutá – Dois místicos do século sem Deus*
Douglas Alves Fontes
- *O sacramento-assembleia – Teologia mistagógica da comunidade celebrante*
Gustavo Correa Cola
- *Crise do sacerdócio e escatologia no séc. V a.C. – A partir da leitura de Ml 2,1-9 e 17–3,5*
Fabio da Silveira Siqueira
- *A formação de discípulos missionários – O kerigma à luz da cruz de Antonio Pagani*
Sueli da Cruz Pereira
- *O uso paulino da expressão μὴ γένοιτο em Gálatas – Estudo comparativo, retórico e intertextual*
Marcelo Ferreira Miguel
- *A mistagogia cristã à luz da Constituição Sacrosanctum Concilium*
Vitor Gino Finelon
- *O diálogo inter-religioso para uma ecologia integral à luz da Laudato Si'*
Chrystiano Gomes Ferraz
- *A glória de Jesus e sua contribuição para a formação da cristologia lucana*
Leonardo dos Santos Silveira

CULTURAL
- Administração
- Antropologia
- Biografias
- Comunicação
- Dinâmicas e Jogos
- Ecologia e Meio Ambiente
- Educação e Pedagogia
- Filosofia
- História
- Letras e Literatura
- Obras de referência
- Política
- Psicologia
- Saúde e Nutrição
- Serviço Social e Trabalho
- Sociologia

CATEQUÉTICO PASTORAL
Catequese
- Geral
- Crisma
- Primeira Eucaristia

Pastoral
- Geral
- Sacramental
- Familiar
- Social
- Ensino Religioso Escolar

TEOLÓGICO ESPIRITUAL
- Biografias
- Devocionários
- Espiritualidade e Mística
- Espiritualidade Mariana
- Franciscanismo
- Autoconhecimento
- Liturgia
- Obras de referência
- Sagrada Escritura e Livros Apócrifos

Teologia
- Bíblica
- Histórica
- Prática
- Sistemática

REVISTAS
- Concilium
- Estudos Bíblicos
- Grande Sinal
- REB (Revista Eclesiástica Brasileira)

VOZES NOBILIS
Uma linha editorial especial, com importantes autores, alto valor agregado e qualidade superior.

PRODUTOS SAZONAIS
- Folhinha do Sagrado Coração de Jesus
- Calendário de mesa do Sagrado Coração de Jesus
- Almanaque Santo Antônio
- Agendinha
- Diário Vozes
- Meditações para o dia a dia
- Encontro diário com Deus
- Guia Litúrgico

VOZES DE BOLSO
Obras clássicas de Ciências Humanas em formato de bolso.

CADASTRE-SE
www.vozes.com.br

EDITORA VOZES LTDA.
Rua Frei Luís, 100 – Centro – Cep 25689-900 – Petrópolis, RJ
Tel.: (24) 2233-9000 – Fax: (24) 2231-4676 – E-mail: vendas@vozes.com.br

UNIDADES NO BRASIL: Belo Horizonte, MG – Brasília, DF – Campinas, SP – Cuiabá, MT
Curitiba, PR – Fortaleza, CE – Juiz de Fora, MG – Petrópolis, RJ – Recife, PE – São Paulo, SP